F. CHÉNIEUX

MES

TREIZE JOURS

IMPRESSIONS DE VOYAGE

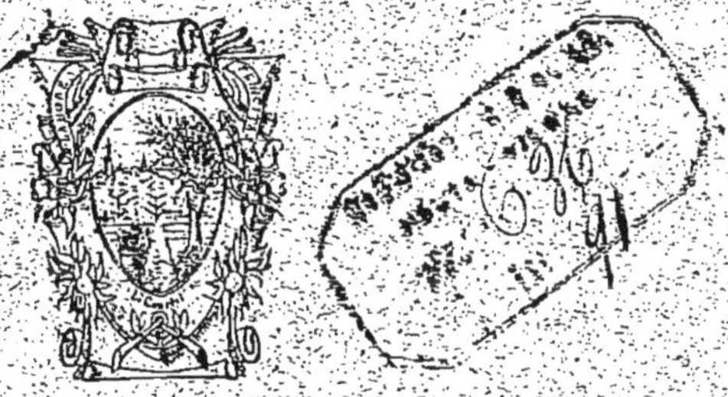

LIMOGES

IMPRIMERIE-LIBRAIRIE Vᵉ DUCOURTIEUX

7, RUE DES ARÈNES, 7

1890

MES TREIZE JOURS

IMPRESSIONS DE VOYAGE

F. CHÉNIEUX

MES

TREIZE JOURS

IMPRESSIONS DE VOYAGE

LIMOGES,
IMPRIMERIE-LIBRAIRIE Ve DUCOURTIEUX

7, RUE DES ARÈNES, 7

1890

J'ai choisi et adopté ce titre, parce que nous avons mis treize jours à effectuer notre petite excursion. Les impressions ressenties, les images des choses vues, j'ai essayé de les rendre avec la couleur locale. Mes amis m'ont demandé de publier cet opuscule. Je cède au double plaisir de le leur offrir et de le dédier à ma compagne de route.

F. C.

TREIZE JOURS

—

IMPRESSIONS DE VOYAGE

J'avais promis de vous traduire mes impressions de voyage. Me voilà de retour, et je n'ai rien écrit. Comment écrire en route avec des journées si bien remplies ?

Je ne suis pas de ceux qui peuvent rester en repos dans quelque coin choisi, ville d'eaux élégante, plage animée ou déserte. Dans les lieux trop fréquentés, le vain tourbillon du monde me fatigue ou me laisse indifférent, et je ne suis encore ni assez triste ni assez malheureux pour aller bercer mes ennuis ou mes désespérances au murmure éternel des flots, sur quelque rivage solitaire.

Ceci viendra peut-être ; en attendant, ce que je demande aux voyages, c'est l'oubli, l'oubli de tout, la rupture complète avec la vie habituelle ; et, pour me procurer ces inestimables biens, il me faut l'imprévu, les décors changeants, les difficultés à vaincre, quelque chose qui tienne sans cesse en haleine mon esprit et mon corps, en dehors des voies où ils se débattent chaque jour.

Après ce préambule explicatif sur mes dispositions intérieures, je commence :

Genève; le Lac.

Je suis à Genève au bout de dix-neuf heures d'un voyage qui n'a guère d'autre charme que celui de l'arrivée. Le lendemain matin, soleil superbe. C'est jour de fête : deux cents sociétés musicales vont se réunir dans l'après-midi.

La ville est pavoisée avec une frappante unanimité. Partout des drapeaux aux armes génevoises et aux couleurs de ce libre pays. Pas une rue, pas une maison qui ne soit parée pour ce grand jour : des fleurs, des bouquets, des guirlandes, des troncs entiers de sapin avec leurs rameaux verts. On dirait que ces braves gens ont fait descendre la montagne.

Voici un arc de triomphe monumental avec cette inscription qui ne l'est pas moins :

> L'art musical et l'harmonie
> Sont les fleurs de l'humanité
> Et les parfums de son génie
> Aux parvis de l'immensité !!!

Le tout dressé dans l'avenue où doivent passer les sociétés, en sortant de la gare. Beaucoup de

— 7 —

monde dehors; du reste, pas de chiens dans les
rues. Ces intelligents animaux, avec leur admirable
instinct, ont compris ce qui se prépare, et comme
ils n'aiment pas la musique, ils ont détalé. Moi qui
ne me passionne pas outre mesure pour les or-
phéons, je fais comme eux. Songez donc, deux
cents sociétés! Je veux bien vibrer, mais pas au
bruit des cuivres.

Donc, en route pour Lausanne, à travers ce
merveilleux lac Léman qui, sur une longueur de
quatre-vingts kilomètres, arrondit les courbes de
son croissant le long des collines et des montagnes chargées de pampres verts, de villes, de
villas et de châteaux, cadre grandiose et gracieux
à la fois pour cette immense nappe liquide, aux
flots d'un vert tendre, large et profonde comme
une mer.

Le Rhône, qui a reposé et purifié dans son sein
ses eaux tourmentées et jaunies, descendues
bruyamment de tant de glaciers, en sort rapide et
comme pressé d'aller au but, dans sa robe azurée,
qu'il souillera bientôt au contact de l'Arve ardente,
sortie de la vallée de Chamonix.

Le ciel est pur; nous glissons sur une surface
unie qu'entr'ouvre avec un bruissement doux comme
une caresse la proue du vapeur qui nous emporte.

Derrière nous, un sillage d'écume blanchissante
où s'ébattent, dans un vol paresseux, des mouettes
blanches et grises, aux larges ailes. Plus loin, l'eau
miroite et scintille comme un ciel plein de feux;

les rives ombragées fuient avec les maisons blanches.

A gauche, la côte Suisse, Versois, Coppet, Nyon, Morge, Lausanne ; puis à l'extrémité, Chillon, Vevey, Montreux, se chauffant comme des lézards au soleil du midi. A droite, la côte de Savoie, Thonon, Evian, etc. Comment indiquer tous les sites charmants de ces bords enchantés ?

L'air est calme ; les amiraux suisses peuvent dormir tranquilles. Il y a peu de passagers. On est resté pour la fête. Je remarque surtout des étrangers qu'elle intéresse moins que les gens du cru ; parmi eux, une grosse femme, avec un énorme chapeau sur la tête, un chapeau touffu, un vrai jardin ; des Anglaises longues, minces, anguleuses, des costumes étranges et des types bizarres de physionomie.

Comme fond du tableau, vers le sud, le Mont-Blanc se dresse dans l'azur, avec sa masse imposante, dans l'éblouissante splendeur de sa neige éternelle.

Le ciel pur, la brise qui fraîchit, la vue de cette eau tranquille, ces rives fuyantes qui apparaissent comme dans un mirage féerique, tout cela repose et pourtant cela laisse en nous une empreinte ineffaçable.

Je revois ce paysage vu il y a neuf ans. Depuis cette époque, bien des choses ont passé dans ma vie, bien des souvenirs se sont effacés, bien des rêves se sont évanouis ; ici, tout est resté profondément gravé en moi, rien n'a changé, sinon qu'aujourd'hui le ciel est plus beau, la perspective plus magique et mon impression plus vive.

Vers le soir, le soleil décline derrière les monts et n'illumine plus qu'une partie du lac ; les eaux ont des reflets moins vifs, estompés d'une brume légère, qui bientôt, par une nuit sans lune, va s'étendre à leur surface comme un immense réseau gris.

De Lausanne à Berne.

Le chemin de fer qui va de Lausanne à Berne s'élève en serpentant à travers les coteaux plantés de vigne. C'est de là que je vois ces tons qui s'effacent et ce voile de buée de plus en plus sombre, sous lequel tout va s'endormir jusqu'à demain.

Aux dernières lueurs du couchant j'entrevois la contrée que nous traversons.

Après les vignes, les plateaux et les pâturages bordés de bois de sapin ; un sol mouvementé, qui diffère de notre Limousin par la nature de ses arbres forestiers, ses ondulations plus grandes, son altitude supérieure, ses lacs, ses ressauts plus brusques, ses sites d'un pittoresque plus grandiose. Notre Limousin est coquet, frais, chargé de chênes verts, de beaux châtaigniers, de boulçaux grêles qui penchent leurs branches au blond feuillage sur leur tronc svelte et blanc ; il est semé de prairies verdoyantes aux mille fleurs. Là-bas, le sapin domine avec sa sombre ramure. Bref, il ne me paraît

que médiocrement exact de dire que le Limousin
est une petite Suisse. A la même altitude, nous
n'avons que des genêts, des ajoncs chétifs, des
bruyères roses et quelques maigres taillis, à la
place des pâturages et des pins de belle venue.

A côté de quelques ressemblances, fraîcheur des
vallées, prairies naturelles, même alternance de
collines et de vallons, on est frappé par de nombreux contrastes. Nos étangs, bordés de marécages
et de hautes herbes et qui réfléchissent les prés, les
troupeaux et les bois, ne sauraient rivaliser avec
les lacs creusés dans la roche, aux bords abrupts et
que dominent les escarpements formidables des
monts, jaloux d'y mirer leur beauté sauvage. Entre
Fribourg et Berne, ce n'est pas la montagne, et l'altitude oscille pourtant entre 550 et 650 mètres. Si
l'on doit faire une comparaison avec notre pays,
c'est bien là qu'il faut la chercher.

Maintenant, tout devient indistinct dans l'ombre
croissante de la nuit; mais j'ai fait autrefois ce
voyage en plein jour et je me rappelle le paysage.
La faible clarté des étoiles laisse entrevoir les sinistres profondeurs que nous franchissons sur des
ponts gigantesques, les masses confuses, les loin-
tains devinés, cet aspect fantastique de choses va-
guement entrevues comme dans une hallucination.

Les stations passent; on monte, on descend;
somme toute, beaucoup de voyageurs, et partout
où nous irons maintenant, sauf dans les grandes
excursions, nous nous heurterons à une foule in-

nombrable venue de tout pays, mais où dominent
l'Allemand et l'Anglais. Déjà on ne parle plus notre
langue — nous sommes dans la Suisse allemande —
et l'on se sent non-seulement isolé, mais un peu
humilié de voir cet envahissement par les autres
nations, auquel nous prenons si peu de part. J'é-
prouve un vrai dépit en songeant que les autres
peuples vont admirer cette belle nature, et il me
semble qu'ils en emportent quelque chose pendant
que nous nous tenons à l'écart. Penser que dans
cette saison de l'année, les bateaux, les chemins
de fer, les voitures sont pris d'assaut; que l'on est
obligé de retenir sa place dans les hôtels, et cela
dans la Suisse entière, et que les Français s'excluent
volontairement, cela me remplit de tristesse. Que
font nos jeunes gens? Quel charme les retient?
Qu'on ne m'objecte pas que la France est assez
belle et pittoresque : la Suisse a des beautés d'un
autre ordre et les voyages instruisent et reposent
l'esprit en fortifiant le corps. Et le viatique, me
direz-vous, le nerf de la guerre? Croyez-vous que
l'on ne trouve que des millionnaires en chemin?
J'ai vu là-bas des jeunes gens dont le gousset était
assez plat et qui s'en allaient bravement, sac au
dos, en vrais touristes, sacrifiant tout au plaisir des
yeux, aux saines et fortifiantes émotions.

Mais nous voici arrivés. Berne, la sortie « Auss-
gang ». Nous sommes à l'hôtel, dans le vestibule
duquel nous nous trouvons en face de l'ours tra-
ditionnel, debout sur les pattes de derrière, les

deux bras levés comme pour une accolade, avec
une bonne figure d'ours hospitalier. Dans tout
l'Oberland, l'ours est un vrai fétiche, un emblême,
une enseigne.

On en trouve partout, véritables armes parlantes,
au sens allégorique, mystérieux. Point de localité,
petite ou grande, qui n'ait son hôtel de l'Ours.

Je ne vous décrirai point la ville assise sur son
promontoire à 35 mètres au-dessus de la vallée de
l'Aar, qui la borde de trois côtés; sa vue surpre-
nante sur les hautes cimes neigeuses : la Jungfrau,
la Blümlisalp, le Monch, l'Eiger, etc.; son cachet
moyen-âge, ses arcades sombres le long de ses rues,
sous lesquelles se cachent des boutiques retirées,
aux enseignes bizarres; sa curieuse horloge où,
avant la sonnerie des heures, un coq chante, et où
défilent des oursons, mignons comme des amours,
devant une figure assise.

Je ne vous parlerai pas de sa population, sérieuse
comme il convient à des gens qui ont des convictions. Car ils en ont des convictions, politiques et
religieuses. Unanimes en politique pour leur indépendance dont ils sont fiers et jaloux, ils sont divisés
en religion, et chacun apporte dans la pratique de son
culte une sincérité que nous ne connaissons guère.

Mais je ne suis venu que pour voir le dessus des
choses, le dessus qui cache le dessous ou qui l'é-
claire, comme eût dit peut-être un poète fameux,
qui aimait les oppositions et le choc des idées.

Aussi bien j'ai visité jadis le musée, la bibliothèque, le palais fédéral, la cathédrale, sans oublier la fosse aux ours, et si je me trouve aujourd'hui à Berne, c'est par pure nécessité stratégique : c'est que je veux remonter la vallée de l'Aar. Or, pour me rendre à Meiringen, point de départ de mon excursion à pied, il m'a fallu faire ce long détour.

Puisque je ne dois partir qu'à onze heures, je cherche à tirer parti de la matinée. On a beau faire, on ne peut tout d'un coup dépouiller le vieil homme. Je cède à la tentation d'aller voir le professeur Kocher, dans son service d'hôpital. Berne possède une Université et une Faculté de médecine. Le professeur Kocher est une de ses illustrations chirurgicales. Je n'ai pas eu la chance de le rencontrer, mais j'ai vu son premier assistant qui m'a montré un service fort bien tenu et une série heureuse de belles opérations, notamment une résection de l'extrémité inférieure du fémur chez un jeune garçon, et la substitution par greffe d'un os de veau à l'os humain avec un succès complet. C'est, je crois, la première réussite de ce genre.

Vous traversez Genève, Lausanne, Berne, me dira-t-on, et vous ne nous parlez même pas des curiosités historiques et artistiques qui y sont renfermées. Je l'avoue à ma honte : je ne vois les choses qu'à la surface, en courant, et du reste, l'archéologie ne m'inspire pas un goût des plus vifs ; je ne consacre guère de temps à admirer les antiquités, vieux baptistères, stalles ornées, bas-reliefs, vieilles croix, vieilles ferrailles, etc... Je rends justice au mérite

des artistes d'autrefois qui, avec des moyens im-
parfaits, ont créé des chefs-d'œuvre que nous ne
parvenons pas toujours à imiter. Mais, à vrai dire,
en fait de vieux, souvent je préfère le neuf. Si jamais j'atteins un âge respectable, je promets, ne
serait-ce que par gratitude, de m'intéresser aux antiquités. Je ne passe pourtant point en indifférent
devant les manifestations de cet art toujours jeune,
l'architecture grecque et romaine ; et je laisse mon
imagination m'emporter bien haut dans une envo-
lée mystique quand je me trouve en présence de
ces cathédrales gothiques qui, dans leurs fleurs et
leurs monstres de pierre, le flamboiement de leurs
rosaces et la hardiesse de leurs arceaux, symboli-
sent si bien les élancements de la foi et les terreurs
du moyen-âge.

Cette digression n'a d'autre but que celui de pré-
senter les excuses d'un profane qui passe sans toujours rendre aux vénérables reliques l'hommage
auquel elles ont droit.

Je resterais bien un jour ou deux à Berne. Il y
a certes de quoi occuper ses loisirs. Les ours ne
sont peut-être pas très bien léchés, mais leur œil
est si doux, si bienveillant! L'aimant de leur regard ne peut cependant triompher de ce charme
plus puissant qui m'attire : les grands pics solitaires
aux pentes vertigineuses.

Allons, une heure de chemin de fer. Ces wagons
suisses sont vraiment bien agencés avec la libre
circulation qu'ils permettent aux voyageurs. Cha-

que classé a ses wagons de *rauchers* et *nicht rauchers* (fumeurs et non fumeurs). On est fixé à l'a-
vance, on choisit et l'on ne s'aventure qu'à bon
escient au milieu des nuages formés par la fumée
des pipes ou des cigares.

De Berne à Interlaken.

Nous arrivons à Thoune, sur les bords du lac.
Le bateau nous attend. Ce n'est plus notre grand
vapeur du lac de Genève, mais sans doute un bateau de la vieille flotte, démodé, chargé d'ans autant
que de passagers. Car l'affluence continue. On se
presse, on se bouscule, l'air très affairé, la mine
un peu inquiète, et cependant tout ce monde est là
pour son plaisir. La plupart font un voyage circulaire, le voyage obligatoire. Quand on est dans le
clercle il faut tourner, et l'on tourne en chemin de
fer, en voiture, en bateau, sans relâche, sans merci,
jusqu'au but final vers lequel on est emporté au
milieu de la cohue qui vous presse, vous enserre,
tourne elle-même autour de vous, et ne vous quitte
pas d'une semelle, avec les mêmes véhicules, les
mêmes hôtels, les mêmes plaisirs vus, revus, com-
mentés, ressassés, annotés avec soin dans tous les
Guides Joanne et les Bœdeker, de telle sorte que
vous aurez chaque jour la dose de plaisir régle-
mentaire.

Vous finissez par avoir les nerfs agacés par les

mêmes rencontres; on dirait que ces gens vous filent comme des limiers de police. Que voulez-vous? Ils se sont offert comme vous le voyage de huit, dix, douze ou quinze jours. C'est réglé, vous suivrez la même route. Ce gros Teuton vous obsède comme un cauchemar, avec ses lunettes sur ses yeux ronds et son souffle d'asthmatique. Vous fuyez ce fils d'Albion; car il a de larges pieds qui vous font craindre pour les vôtres et des coudes pointus qui menacent vos côtes. Peine inutile. Ils sont rivés à vous par l'itinéraire forcé. Et notez que vous n'avez ni un jour, ni une heure à perdre. La ration est déterminée avec une précision rigoureuse. Vous vous figuriez peut-être que vous étiez venus pour vous distraire. Ah bien oui! Un travail de forçat n'est pas plus dur que celui que vous devez accomplir du matin au soir, sans repos ni trêve, par la loi du programme. Je ne parle pas du mauvais temps, car alors c'est le comble.

Mes amis, vous à qui je porte de l'intérêt, croyez-moi; quand vous partirez en excursion dans la Suisse truquée de Tartarin, ne prenez pas de billet circulaire. Tracez vous-mêmes votre itinéraire. De cette façon, si en route il vous arrive quelque accident passager, vous aurez le loisir de laisser passer le tourbillon des séries numérotées.

Ce sont là les réflexions auxquelles je me livre en traversant ce joli lac aux eaux d'un bleu tendre. Nous avançons entre les montagnes qui se rapprochent et grandissent.

Je salue en passant Spiez, où je descendis jadis pour traverser la Gemmie par Frütigen et Kandertsterg. Plus loin, sur la rive opposée, notre bateau s'allége par la descente d'un certain nombre de touristes qui vont dans la montagne faire une cure de lait et d'air.

Un chemin de fer à crémaillère les porte rapidement sur un haut plateau où a été établi un splendide hôtel qui peut rivaliser avec celui du Rigi. La vue est superbe sur les glaciers de l'Oberland, depuis l'Altels et la Blumlisalp à droite, jusqu'au Schrœkhorn et au Weterhorn en passant par la Jungfrau, le Mönch, l'Eiger. C'est la même vue que du Rigi, mais beaucoup plus rapprochée. Y a-t-il comme au Rigi la série des pruneaux et des riz ? Je ne saurais le dire, n'ayant pu le constater.

Voici l'isthme sur lequel est assis Interlaken, ce centre presque forcé de toutes les excursions, où vient aboutir fatalement la foule des excursionnistes apportés par le flot des deux lacs que sépare cette langue de terre. Interlaken est une de ces étapes que l'on ne peut éviter.

S'il n'est pas donné à tout le monde d'aller à Corinthe, tout excursionniste de l'Oberland est obligé de passer par Interlaken, ce Corinthe du centre de la Suisse. Si c'est là un grand bonheur, bien des gens mourront contents, car après tout cela peut consoler de n'avoir pas vu Carcassonne. Aussi que de voitures d'hôtels à notre arrivée sur la terre ferme !

Je passe et laisse Interlaken avec ses allées de noyers au pied du Fawlorn et sous l'œil de la Jungfrau, la vierge de l'Oberland, qui nous sourit là-haut, dans l'azur éclatant, sous son voile de neige.

Je quitte la plupart des voyageurs du matin, la série nº 1. Mais je suis bien vite au milieu d'une nouvelle affluence, la série nº 2.

Lac de Brientz; le Giesbach.

Nous embarquons pour la traversée du lac de Brientz, très encaissé, d'une belle eau d'un vert changeant teinté de bleu.

Vers le fond du lac, à droite, le Giesbach fait une série de cascades. On y accède par un chemin de fer funiculaire. Le soir, des lumières de différentes couleurs, placées dans les grottes, entre les rochers et la gerbe des eaux tombantes, produisent un effet féerique. C'est bien dans ce coin que le truquage a déployé toutes ses ressources. On arrive au Giesbach non-seulement par le lac, mais aussi par le Brünig où, récemment, a été installé un chemin de fer à crémaillère.

Ceux qui ne sont pas contents, ce sont les loueurs et conducteurs de voitures. Je recevais, sur le bateau, les doléances d'un grand gaillard, cocher en disponibilité. — Que voulez-vous, me disait-il, on va faire un chemin de fer pour la Gemmie; on en a fait un pour Lauterbrunnen et Mürren. Il n'y a plus qu'à s'en aller. Il disait vrai. O Tartarin, tu peux partir. D'Altorf les chemins sont ouverts. On a fouillé les flancs et le sein de la montagne. Si tu tombes, ce ne sera jamais dans l'étonnement. Te voilà fixé. Héros au cœur magnanime, ton heure est venue; tu peux partir sans crainte, tout danger a disparu.

Je crains bien, en effet, que tout cet agencement préparé avec art par des compagnies habiles et intéressées, n'arrive à enlever de leur charme aux sites pittoresques et aux merveilles de cette étrange nature. Les dessous mystérieux, qui ont pour nous un attrait indéfinissable, s'évanouissent au grand jour des trouées partout pratiquées. Quand un lieu, hier encore réputé inaccessible, est foulé par le pied du profane vulgaire, à qui l'accès machiné a été rendu facile, rien ne fait plus passer en nous le frisson sacré et le trouble de l'inconnu. En un mot, quant la virginité des choses tombe sous l'assaut des multitudes, on a bien vite la banalité qui amène le dégoût. C'est la nature prostituée à tous les regards, même les plus indignes de la contempler. Déjà la photographie permet de faire, sans quitter la chambre, son petit voyage, et à l'aide du stéréoscope nous franchissons les paysages les plus périlleux sans que notre pied ait besoin de s'y aventurer.

Du moins, ce n'est qu'une illusion. Grâce à l'illusion, les objets nous apparaissent avec le prestige dont les entoure et les embellit notre imagination.

Mais où sera l'enchantement, je vous le demande,
quand, après avoir rêvé des spectacles fantastiques
et terrifiants, au milieu d'une nature bouleversée et
sauvage, vous êtes amené à les contempler, en plein
décor d'opéra-comique, tranquillement installé dans
un wagonnet, ou même de la terrasse d'un hôtel
dont le confort ne redoute aucune concurrence?

Je ne sais où s'arrêtera l'audace des entrepre-
neurs de plaisirs faciles. L'affluence des étrangers,
dans des localités jusqu'alors peu fréquentées et
seulement par quelques fervents, est sans doute
pour elles, ou plutôt pour certains industriels, une
source de revenus. Mais ne se lassera-t-on pas, en
raison même de ce que tout le monde y va? Il faut
être très fort pour se tenir toujours à la même hauteur dans l'admiration publique. Tel saint, jadis ho-
noré, enguirlandé, illuminé nuit et jour, moisit
dans un regrettable oubli, remplacé par un con-
frère plus à la mode.

Les montagnes, les lacs, les cascades, la grande
nature sauvage et désolée ont leur jeunesse éternelle et leur inaltérable beauté. Mais, au diable la
cohue de leurs visiteurs et le sifflet des locomotives
dans les lieux faits pour la solitude! J'aime beaucoup la musique et les airs d'opéra ; mais, pour
Dieu! éloignez de moi les orgues de Barbarie.

On trouvera que je manifeste trop d'humeur jalouse. C'est l'égoïsme qui me fait ainsi parler. Que
voulez-vous? la nature indomptée me paraît mille fois
supérieure à celle que la civilisation a corrompue.

Je passe dédaigneusement devant les cascades de Giesbach. Je n'ai, je crois, pas beaucoup de mérite; et les impressions que je viens de traduire seraient peut-être de la mauvaise rhétorique sans empire sur moi si je ne les avais jadis visitées.

De Meiringen à Guttanen; les gorges de l'Aar.

Il n'est que trois heures. J'aurai le temps de gagner Meiringen par la voie ferrée.

Les curieux se font plus rares. La foule est moins pressée et semble plus recueillie, comme mieux initiée au secret des émotions intimes et pénétrantes.

Nous traversons cette vallée de l'Oberhasli où l'on peut enfin, dans une solitude relative, se livrer à la méditation, dans la contemplation sublime des plateaux alpestres où paissent, durant l'été, les troupeaux de la contrée, à la base et à l'abri des géants de glace, ces farouches gardiens des gorges profondes qui y précipitent, avec un bruit terrible, les avalanches et les pierres des hauts sommets, comme pour mieux en défendre l'accès.

Meiringen; j'entre dans la montagne. Je vais goûter le repos loin des importuns, n'entendant plus d'autre bruit que le grondement des torrents, répercuté par les mille échos des vallées.

Mais il n'est que quatre heures et demie. Je puis, avant la nuit, me rendre à Guttanen, sur le chemin du Grimsel que je dois traverser demain. Je gagnerai trois heures, et, comme depuis mon départ je n'ai fait que descendre de chemin de fer pour monter en bateau et inversement, il me tarde de me dégourdir les jambes, ce dont j'aurai grand besoin maintenant. C'est une excellente occasion de commencer mon entraînement. Je donne mon sac à porter presque à regret, par peur, non du ridicule, mais d'un peu de fatigue. Mon bagage est des plus minces. Il doit en être ainsi. Le strict nécessaire est encore de trop dans les courses de montagne.

Meiringen est un excellent séjour que je recommande aux touristes, et un vrai centre pour plusieurs excursions des plus intéressantes. On peut de là traverser la grande et la petite Scheideck, en passant par Grindelwald et la Wengernalp, au pied des glaciers de Rosenlani, de l'Engelhorn, du Welhorn, du Weterhorn, de la Jungfrau. C'est le conseil que je donne à ceux qui ne voudraient faire qu'une excursion et qui se contentent de voir les glaciers sans les traverser. On peut, après tout, partir de Grindelwald pour une foule d'ascensions.

Cette traversée des Scheideck m'a paru plus digne du touriste que le passage du Grimsel. Mais je ne connais pas ce dernier et je m'imagine, avant de l'avoir vu, qu'il doit m'apporter des émotions nouvelles.

Meiringen paraît fermé vers le sud ; on se croit dans un entonnoir d'où l'on ne pourra sortir qu'en suivant la route d'arrivée. L'Aar, qui le traverse, s'est frayé un étroit passage de ce côté, dans les rochers de la montagne, à plusieurs centaines de mètres de profondeur. C'était un abîme infranchissable il y a quelques années, nommé la Gorge-Obscure. On s'y engage aujourd'hui sur une balustrade ; mais, pour gagner la vallée qui s'ouvre à un kilomètre plus loin, on franchit la montagne elle-même, peu élevée du reste, où la route monte par de nombreux lacets. .

Au sortir du village, nous traversons l'Aar, qui vient de recevoir le tribut du Reichenbach. Le Reichenbach précipite sa course le long du sentier qui mène à la Grande-Scheideck. Il coule dans une gorge étroite, à grand fracas, et tombe à vingt minutes de Meiringen en belles cascades que l'on voit d'où nous sommes. Aujourd'hui, la chaleur a été grande ; les neiges et les glaces ont fondu et le torrent, soudainement accru, bondit effaré sur le bord de l'abîme où il développe la crête argentée de son panache énorme.

En remontant vers la gorge obscure de l'Aar, je suis longtemps des yeux cette chute désespérée du Reichenbach, dans son abîme mugissant, encadré de noirs rochers et de sombres sapins. J'ai trouvé un aimable compagnon de route, un jeune étudiant en droit de Bâle, qui me sera d'un grand secours. L'allemand est sa langue maternelle, la seule usitée dans la région où nous sommes, et il parle couramment le français. Moi, je ne parle l'allemand que dans les grandes circonstances, pour demander les

choses indispensables. Nous allons tous les deux,
échangeant nos impressions. Au bout d'un quart
d'heure, nous arrivons à l'entrée des gorges.
L'Aar, par l'Oberhaslithal, gagne les lacs de Brientz
et de Thoune pour aller baigner les murs de Berne,
Aarau, etc., etc., et, après avoir reçu cent tributaires, se jeter dans le Rhin, à Waldhut, dans le du-
ché de Bade.

Comme je l'ai dit, en amont de Meiringen il rencontre une montagne. Après une lutte qui remonte
aux âges inconnus de la période glaciaire, il s'est
creusé son lit à travers le roc. Il passé écumeux,
mugissant, furieux encore, dans sa rage triom-
phante, des obstacles qu'il a rencontrés. La roche
n'a cédé qu'à la force, dans ses points faibles. Des
saillies surplombantes, des voûtes, d'énormes exca-
vations attestent à la fois la violence de l'onde et
la résistance de la pierre. A certains endroits, il a
dû, pendant des centaines de milliers d'années, passer par d'étroites fissures. Un bruit lugubre monte
vers les voûtes retentissantes. La montagne violée
gémit sourdement de l'outrage subi. C'est comme
une grande et éternelle clameur, et parfois comme
un sanglot déchirant.

Le torrent n'a pas apaisé sa fureur et la montagne
n'a pas étouffé sa plainte.

C'est sur une balustrade établie à grands frais et
avec une hardiesse incroyable, à l'aide de tiges de
fer scellées dans le rocher, que nous traversons ce
noir labyrinthe (un franc par personne). Une va-

peur humide se résout en froides gouttelettes qui tombent des voûtes sonores, comme une sueur d'agonie. On entrevoit à peine la lueur indécise du jour, tant les saillies se heurtent à plusieurs centaines de mètres au-dessus de nos têtes.

A la sortie, nous gravissons un couloir escarpé qui nous porte sur l'autre versant.

J'ai vu les gorges du Fier, près d'Annecy ; celles du Trient, à Vernayaz, dans la vallée du Rhône. C'est toujours le même triomphe de cette force sans cesse renouvelée : l'eau agissante contre le roc, qui n'oppose que sa puissance d'inertie.

La vallée s'est élargie. Les bruits se sont apaisés. Le soleil ne dore plus que les hautes cimes et les pâturages élevés, où paissent les troupeaux près des chalets épars. Ces chalets ne sont habités que pendant la belle saison, par les pâtres et leurs bêtes, et les trayeurs de lait, qui y fabriquent la crème, le beurre et le fromage.

Ce sont de massives et basses cabanes en pierre, parfois en bois, avec une lourde toiture formée de pierres plates, pour résister aux neiges de l'hiver. Ils sont presque toujours abrités par un monticule ou par des bois de sapin, de manière à éviter les avalanches. En automne, aux premières neiges persistantes, troupeaux, pâtres et trayeurs descendent dans la vallée, où ont été entassés dans les granges les fourrages pour l'hivernage des bestiaux.

Sur quelques plateaux élevés pourtant, d'où le

foin n'a pu être conduit à cause de la distance ou des difficultés, on a établi des granges où quelques personnes séjournent, pour le soin des troupeaux, ensevelies de longs mois sous les neiges.

Le vallon de Im-Grund, que nous traversons, a plusieurs débouchés. Il est large et fertile. Nous passons sur la rive droite de l'Aar qui, plus loin, s'encaisse dans une gorge étroite, et nous cheminons sur une route nouvellement établie entre les parois abruptes et la rivière profonde.

Là surgit un incident bizarre, qui eût pu tourner au tragique et dont nous avons beaucoup ri. Une pierre, de la grosseur d'une tête humaine, descendue en bondissant des flancs escarpés de la montagne, tournoya à quelques mètres devant nous, à hauteur d'homme, avec un bruit strident, comme lancée par la fronde de quelque géant des Alpes, indigné de notre présence, et tomba bruyamment dans le lit tourmenté du torrent.

Notre première stupeur passée, nous levâmes les yeux. O chevalier illustre chanté par Daudet, que n'étions-nous en ta compagnie! Ajustant tes lunettes, mettant au point ta longue-vue, tu aurais fouillé les replis de terrain et les rochers de ton œil perçant, ce qui t'eût valu, parmi tant d'autres épithètes flatteuses, d'être appelé l'aigle de Tarascon; d'un geste prompt, tu aurais épaulé ta carabine : pan! Quelle est cette bête apocalyptique perchée là-haut, aux pieds grêles, à la barbe longue et au front cornu? Ce n'est pas le génie de la montagne, à coup

sûr, qui se présente à nous sous cette forme grotesque et avec les cornes un peu trop longues pour un
personnage de son importance.

— Té! pardi! c'est un chamois.

Hélas! non, c'est une chèvre, une chèvre vulgaire
ou son époux, la chèvre grimpante qui, dans ses
escalades, a fait dégringoler cette pierre ronde, qui
a failli nous assommer.

Par Jupiter! je ne sais si au royaume des om-
bres, dans la sombre prairie d'Asphodèle, où ils
errent lamentablement, les mânes augustes du roi
Pyrrhus, tué par une tuile lancée d'un toit par une
vieille femme, ont pu se consoler de cette fin aussi
misérable que peu glorieuse pour un conquérant.

Moi qui ne règne sur rien et ne suis qu'un citoyen
libre, qui se commande à peine à lui-même, je me
connais assez pour affirmer que, sur les bords du
noir Cocyte, j'eusse gémi éternellement si j'avais
eu l'humiliation de recevoir la mort des pattes
d'une chèvre.

La nuit descend des hauts sommets; mais nous
voici à Im-Boden, un village au milieu des prairies.
Encore trois quarts d'heure. Nous allongeons allè-
grement le pas. La fraîcheur du soir nous y invite.
La montagne devient plus grandiose, son aspect
plus désolé, mais plus imposant. Nous sommes
seuls enfin. Nous n'avons trouvé que de rares voyageurs sur notre chemin.

Guttanen, un petit village composé de quelques
misérables cabanes, le dernier jusqu'au glacier du

Rhône; un hôtel modeste où nous trouvons bon
gîte et souper suffisant, arrosé d'un bon petit vin
blanc d'Yvorne.

Nous avons fait 15 kilomètres. Bonne nuit. A
demain matin, cinq heures.

Le Grimsel; le glacier et la vallée du Rhône.

A l'heure dite, nous sommes sur pied et bien vite
lestés de ce petit déjeuner, le même dans tous les
hôtels de la Suisse, et si engageant par la propreté
délicate avec laquelle il est servi et les mets dont il
se compose : beurre exquis, miel savoureux, petits
pains au beurre, que l'on arrose largement de thé
où de café au lait. Nous partons, après avoir salué
le personnel, le vieil hôtelier, fondateur de la maison, son fils, et un bon gros chien, qui nous fait la
cour à sa façon; amis d'un instant, que nous ne
reverrons jamais, sans doute.

Quelle bonne inspiration nous avons eue de venir coucher à Guttanen! La journée sera chaude.
Nous avons cinq heures de marche à la montée et
une heure à la descente. Nous aurons le temps
d'arriver pour prendre à deux heures la voiture
qui, par la route de la Furka, descend dans la vallée du Rhône et nous conduira à Brieg.

Le soleil ne visitera pas de quelques heures le
sentier que nous gravissons; il n'illumine encore
que les crêtes suprêmes qui nous dominent. L'air

est vif et plein de senteurs salubres. Nous marchons
à la file indienne, dans cette demi-lumière du matin, reflet adouci de l'azur du ciel, aube attardée
dans ces profondeurs, jour en demi-teinte, tamisé
par le feuillage des derniers arbres un peu rabou-
gris que nous rencontrons.

Par places, une légère vapeur bleuâtre. La pente
que nous suivons n'est pas très raide. Nous partons
de 1,060 mètres pour passer le col à 2,165. C'est
peu élevé, mais c'est notre vraie première journée
de marche.

A l'hôtel, nous avons rencontré deux jeunes gens
partis avec nous : un assistant du professeur de
chimie de l'Université de Munich, natif de Bâle,
grand marcheur, sobre, maigre, enthousiaste, et
un gros garçon joufflu, blond ardent, face épaisse,
plate, tête carrée, une vraie tête d'Allemand. C'est
un étudiant en droit qui m'a tout l'air d'avoir pour
la brasserie plus d'amour que pour la jurispru-
dence. Il est petit, chargé d'embonpoint, passionné
pour le chnapps, à défaut de la blonde liqueur de
houblon. Il marche péniblement. Ce qu'il sue est
inimaginable. Ce ne sera bientôt plus qu'une fontaine. Il va fondre en route. Il forme l'arrière-garde.
Dans un instant ce sera un traînard que nous lais-
serons tout à fait.

Il m'amuse avec son visage devenu cramoisi, ba-
lafré en dix endroits ; car c'est un fervent de la rapière : et l'on sait qu'après boire, la discussion dé-
générant en dispute chez les étudiants d'outre-

Rhin, c'est une habitude classique que le duel à la rapière, où l'on se taillade le visage. Notre compagnon de rencontre a reçu des estafilades au nez, au front, aux joues, aux oreilles. Sa figure n'est plus qu'une ébauche. Il est devenu affreux, de joli garçon qu'il était?? nous dit son ami. Et il paraît que ce n'est qu'un faible échantillon de ce qu'on trouve là-bas. Jugez du reste.

Plus d'arbres. La végétation disparaît. Un chemin pierreux, des éboulis, la roche nue. Le soleil nous visite et rend notre marche plus pénible. L'Aar précipite sa course furibonde. A droite et à gauche, quelques glaciers.

Soudain, un grondement sourd s'élève et domine tous les autres bruits. C'est la Handeck. Deux cabanes à péage se présentent : l'une d'où l'on voit la chute d'en bas, l'autre d'en haut, sur un pont. Le spectacle est encore plus saisissant de ce dernier point de vue.

Dans une étroite et sinistre profondeur, le torrent s'élance tout d'une gerbe, et, après une courbe élégante, tombe à pic de 70 mètres de hauteur. Au fond, entrevu dans une épaisse vapeur blanche irisée, l'onde rejaillit, écumeuse, et s'enfuit à sa destinée.

La destinée, les choses qui passent, la pente irrésistible sur laquelle le temps emporte tout, rien n'en donne une impression vive comme cette eau si pressée de courir à son but. En la suivant des yeux dans son abîme, au bout de quelques minutes

le vertige vous gagne et une idée vous obsède : celle de
se précipiter dans le gouffre. Le bruit assourdissant,
l'isolement, la désolation du lieu, l'attention absor-
bée tout entière, une sorte d'attraction magique,
la fatalité sombre, tout vous pousse. On a besoin
de se secouer et de regarder le ciel bleu qui vous
rappelle à la réalité et éveille l'instinct de conserva-
tion.

Je me dérobe à cet attrait captivant, emportant
le souvenir et l'image de la plus belle cascade que
j'aie contemplée. J'en ai vu de plus hautes, mais
aucune d'un volume pareil. Elle n'est pas seulement formée par l'Aar, mais aussi par l'Erlenbach,
qui s'engouffre à ses côtés et se confond avec lui
aux deux tiers de la chute.

Le reste de notre route présente moins d'intérêt.
Nous avons hâte de gagner l'auberge du Grimsel
(deux heures de marche) où nous ferons halte pour
un deuxième déjeuner. Un peu avant d'arriver,
nous quittons la vallée de l'Aar, que nous ne reverrons plus. Il tourne à notre droite pour aller prendre sa source aux deux glaciers dont il porte le nom.

L'auberge du Grimsel est un point de départ pour
presque toutes les ascensions des pics et des glaciers de l'Oberland, le Schreckhorn, le Finsteraa-
rhorn, etc. Le site n'en est pas beau. On est à 1,874
mètres d'altitude, dans un cirque qui ne permet
d'autre vue que celle des sommets voisins. Seul,
un petit lac aux reflets sombres donne un peu de
vie à cette désolation.

De l'hôtellerie du Grimsel, nous gravissons le col par de nombreux lacets. Là nous dominons la vallée du Rhône. Nous sommes à la frontière qui sépare le Valais de l'Oberland. Au loin, quelques sommets des Alpes Pennines, les Mischabellhorner; en face, le glacier de Griess; à gauche, l'extrémité inférieure du glacier du Rhône, dominé par le superbe Galenstock; à nos pieds, le Todtensee ou lac des Morts.

Nous descendons sur le flanc d'une montagne appelée la Paroi des Fleurs, en raison des nombreuses fleurs rares que l'on y trouve, et bientôt nous sommes rendus à l'hôtel du Gletch, au bord de la route de la Furka. Il est midi. Demi-heure de repos et je pars pour me rendre au pied du glacier du Rhône. Il y a soixante ans, il descendait presque jusqu'à l'hôtel, comme en témoigne une moraine. On craignait même qu'il ne le recouvrît. Il s'est retiré d'un kilomètre. Son extrémité est à 1,730 mètres d'altitude, et il s'élève par une vallée de glace longue de 29 kilomètres à 2,430 mètres.

Le Rhône, à sa sortie du glacier, est aussi abondant que la Vienne à Eymoutiers.

La vallée est, presque partout, large, comparativement fertile et peuplée. Confortablement installés dans le coupé de la voiture de poste, nous traversons une série de bourgades échelonnées le le long de la route, sans compter les villages et les granges semées sur les hauteurs et dans les vallées affluentes.

Le Valais est catholique : on s'en aperçoit bien vite au nombre incroyable de chapelles et d'églises, assez laides d'aspect, aux clochers de forme ronde, en boule, que l'on ne cesse de voir dans toutes les localités et même en pleine campagne.

S'il existe là-bas des querelles de clocher, que de querelles, mon Dieu ! et comme il est facile de se battre d'un clocher à l'autre !

C'est jour de dimanche ; on chôme partout. Les indigènes sont assis devant les portes, regardant passer le flot qui monte et le flot qui descend. Malgré l'habitude de ce spectacle, tous les jours renouvelé durant la belle saison, c'est avec curiosité qu'ils examinent ces étrangers venus de tous les pays. Ils se demandent, eux qui ne connaissent guère sans doute nos besoins d'agitation, quel intérêt puissant peut bien pousser tout ce monde hors de ses foyers.

Leur type n'est pas beau. Plus bas, ce sera bien pis encore.

On a dans le pays une singulière et ingénieuse manière de garantir des rats les granges à blé et à fourrage.

Tout autour d'une première assise, des piliers carrés, coiffés à un mètre de hauteur d'une pierre plate et ronde. C'est sur la série de ces surfaces espacées qu'est assis l'édifice en bois. Les rats grimpent au pilier, mais ne peuvent franchir la pierre plate.

La route sur laquelle nous courons pendant près

de cinq heures, petits relais compris, est une des plus hardies que je connaisse. A peine assez large, dans les tournants, pour les trois chevaux, dont un en flèche, et la voiture qu'ils traînent, elle domine le Rhône à des hauteurs vertigineuses et décrit souvent de courts et nombreux lacets.

A sept heures, nous arrivons à Brieg. Le train part pour Viège, où nous sommes rendus à sept heures quarante.

Le portier de l'hôtel des Alpes nous enlève, c'est le mot. Nous cédons à ses insinuations bienveillantes.

Le traître nous conduit dans l'hôtel le plus éloigné. Nous n'y sommes pas mal, mais cet homme-là nous fatigue par ses obsessions et ses offres de service. Il veut à toute force me trouver un porteur pour le lendemain, sous prétexte que je prendrai du mal inévitablement. Cette charitable proposition est reçue avec le dédain qu'elle mérite. Le lendemain il veut me vendre un piolet moitié prix. Farceur, va! comme si je ne voyais pas que ton piolet est mal emmanché.

Cet homme-là n'est pas physionomiste. Il aurait vu que je connais la fable du Corbeau et que les flatteurs obséquieux me portent sur les nerfs.

De Viège à Zermatt.

Zermatt est le principal objectif de mon voyage.

Une fois là, pour en sortir, je tirerai le meilleur
parti possible du temps qui me restera. Si je n'avais
eu l'idée de voir la Handeck, le glacier et la vallée
supérieure du Rhône, je me serais rendu directe-
ment à Viège par le lac Léman, Saint-Maurice, etc.
Mais il n'y a que quatre jours que j'ai quitté Limoges. S'il m'a fallu faire un détour et revoir des endroits connus, je ne le regrette pas. Il est des sites
que l'on visite toujours avec plaisir, comme il y a
des souvenirs où l'on se complaît.

L'année prochaine, on pourra facilement se rendre à Zermatt. Le chemin de fer est en pleine ins-
tallation et, dans deux jours, fonctionnera jusqu'à
Saint-Nicolas, c'est-à-dire à moitié chemin.

Jusqu'à ce jour aucune voiture n'a circulé de
Viège à Saint-Nicolas. Il n'y a qu'un étroit sentier
pour relier les deux localités. C'est le cas de dire
qu'en fait de route on a trouvé plus commode et
plus expéditif de créer des voies ferrées.

Puisque, à l'inverse des carabiniers, nous sommes arrivés deux jours trop tôt, je pars, le sac au
dos cette fois, malgré les bienveillantes exhorta-
tions du portier. Et je m'en vais joyeux dans l'air
frais du matin, le long de la Viège, une belle rivière qui roule avec fracas ses flots torrentueux. Je
suis content de voir que cette eau apporte son tribut
au Rhône et par conséquent à la France.

La vallée qui bifurque, vers Stalden, sur Saas et
Saint-Nicolas, n'a rien de séduisant. C'est un chemin montant, sablonneux, malaisé, comme dit la

fable, et le soleil, dont rien ne nous garantit, nous perce de ses flèches. Mais j'irai jusqu'au bout. Le long de l'étroit sentier, des muletiers, des porteurs m'offrent leurs services. Inutile, braves gens : que dirait le portier de l'hôtel des Alpes? Mon bagage, après tout, pèse bien trois kilogrammes, et quatre heures de route à pied ne sont pas pour m'effrayer.

J'invoque pourtant ton approche, ô Saint-Nicolas, que je finis par apercevoir au détour du chemin pierreux, sous la corne neigeuse du Weishorn.

Où descendre? A l'hôtel Saint-Nicolas, parbleu! puisqu'il est seul. Vite une chambre à toilette (zimmer wasser). Après avoir secoué la poussière de la route, nous faisons grand honneur au déjeuner. Il est midi. A une heure nous prenons une voiture pour Zermatt. Car voici une bizarrerie. De la vallée du Rhône, pas de route de voiture pour Saint-Nicolas. C'est à dos de mulet qu'il faut transporter les colis, les provisions et les voyageurs. A Saint-Nicolas, route très carrossable jusqu'à Zermatt, où nous arrivons à quatre heures.

Que dire de ce trajet? Toujours la même rivière grondante, toujours les chalets épars, quelques clochers de chapelles, et comme fond de tableau les grands pics et les glaciers solitaires, le Breithorn, le petit Cervin, etc.

Mais ce n'est pas tout d'arriver à Zermatt. Il faut s'y loger, chose difficile quand on n'a pas eu la précaution de télégraphier à M. Seiler. Qui ne connaît M. Seiler, l'homme le plus important de la localité?

Tout Zermatt est dans sa main. C'est lui le père nourricier des touristes, leur providence, leur conseil. Comment se passer de lui?

Sur cinq hôtels, il en dirige et possède quatre. Si vous faites une ascension, ne partez pas sans prendre ses sages avis. Voilà ce qu'il faut savoir, et ce qu'on nous a partout répété, si grande est la renommée de cet illustre personnage : et si l'on ne tient compte de tout cela ou si on l'ignore, on arrive et on va successivement frapper à la porte des quatre hôtels de M. Seiler, où le portier vous répond invariablement : — Avez-vous télégraphié? — Non. — Eh bien! il n'y a pas de place pour vous dans l'hôtellerie.

Quel désespoir! Etre venu de si loin, et s'en aller sans voir M. Seiler, sans toucher au moins le pan de sa veste qui doit avoir la merveilleuse vertu de vous rendre favorable le génie de la montagne. Je ne m'en consolerai jamais, et je retournerai là-bas, ne fût-ce que pour M. Seiler, car je ne puis mourir sans l'avoir vu.

Zermatt.

Zermatt, comme l'indique le *Guide* Joanne, est le Chamonix du Mont-Rose. On ne peut se figurer l'affluence des touristes; nous venons de nous en apercevoir à l'encombrement des hôtels. Nous trouvons quand même à nous caser, mais nous dînerons mal, en songeant que les mets n'ont pas été préparés sous la surveillance de M. Seiler.

La petite bourgade offre un curieux spectacle. Elle n'a qu'une rue centrale ; les autres maisons sont entassées pêle-mêle. Le piolet s'étale à toutes les boutiques, avec d'autres objets utiles aux excursionnistes. Partout des échoppes de schumacher (cordonniers). Je m'adresse à l'un d'eux, qui examine avec dédain la semelle de ma chaussure, en fait rapidement sauter les clous du tranchant de son marteau et me ferre à neuf à o fr. 6o le pied. C'est inouï le nombre de clous qu'un schumacher doit placer dans une journée.

Dans la petite rue, une foule de promeneurs, des gens qui rentrent d'excursion, d'autres qui font leurs préparatifs pour le lendemain, en interrogeant le ciel et le Mathieu de la Drôme de l'endroit pour savoir quel temps nous aurons. La clientèle de Zermatt offre déjà un cachet plus spécial. Les types se sont accentués. L'élément grimpeur domine, avec le costume particulier, les petites casquettes collantes à la tête, à longue visière baissée, portées même par les dames, la culotte courte, les vestons gris, les gros bas de laine bure sur de longues jambes anglaises ou allemandes.

Ces touristes ont le teint bronzé ; ils ont l'air d'être hantés par une idée fixe, celle d'escalader quelque chose. Il s'en vont tout droit, l'œil vague et l'air un peu ennuyé, sérieux comme des gens qui ont une mission ou un devoir important à remplir. Ils semblent s'être fait à eux-mêmes la promesse d'arriver à un but qu'ils poursuivront malgré tous les obstacles et ne pas y chercher d'autre plaisir que celui de l'exécution du programme tracé!

J'ai rencontré des dames, sac au dos, maigres, plates, longues, aux pieds d'échassier, qui m'ont paru, tant elles avaient l'air grave et austère, accomplir un vœu, comme une sorte de pèlerinage. Non, vrai, ces gens ne sont pas enjoués; ce sont des ennuyés qui ne trouvent même pas de distraction dans cet exercice qui n'est pour eux qu'un passe-temps et un sport d'un certain genre. Pour moi, en dehors de la difficulté vaincue, qui a son charme et son attrait, ce n'est pas le sentiment qui me pousse vers les neiges des hautes cimes. J'essaierai plus tard d'analyser mes sensations.

Ce qui explique la différence d'allure et de physionomie de ceux qui fréquentent Zermatt, c'est jusqu'à ce jour la difficulté du voyage, comparé à celui de Chamonix par exemple. Une bonne route de voitures mène de Genève à Chamonix en quatre heures. On peut sortir de Chamonix en voiture par la Tête-Noire, le Chatelard et Salvan, Saint-Gervais, Cluze, etc. Zermatt est la fin du monde connu dans la région. Un cirque de glaciers l'environne. Le Cervin, comme un grand géant, bête en raison même de son énormité et de sa hauteur dont il a l'air de ne savoir que faire, est là vers le fond, qui barre la route. Le col le plus facile est à 3,332 mètres d'altitude (1,620 mètres à Zermatt), et il y a trois heures de glacier. Presque tous les cols par où l'on peut sortir conduisent en Piémont, dans des gorges qui sont elles-mêmes des culs-de-sac.

Nous rencontrons enfin un aimable couple français de Marseille, le mari originaire de Grenoble. La conversation s'engage et les questions se pressent. Quel plaisir de lier connaissance et de parler la langue du pays! Je retrouve aussi un ancien collègue de Paris, aujourd'hui médecin des hôpitaux. Mais qu'ils sont rares les compatriotes et quelle joie d'échanger avec eux ses idées et ses impressions, au milieu de cette avalanche d'étrangers où les Italiens commencent à paraître, car nous sommes à leur porte.

Le soir tombe ; l'ombre monte lentement du fond de la vallée. Le pied des montagnes est noyé dans la vapeur grise du crépuscule, tandis que leur tête orgueilleuse se perd dans l'azur profond. Peu à peu, le voile s'élève et s'étend. Le mince croissant de la lune, qui se couche à l'horizon, n'envoie qu'un obscur reflet. Tout se confond dans la masse géante du Matterhorn, qui semble peser sur nous. Le bourdonnement de la foule, qui tout à l'heure emplissait l'unique petite rue, s'est apaisé. On se couche de bonne heure à Zermatt, comme dans tous les centres d'excursion. Quelques promeneurs isolés, comme moi, attendent encore, écoutant la grande et éternelle rumeur des choses qui passent, le torrent qui mugit dans son lit trop étroit et les plaintes du vent dans les gorges sauvages.

Tout à coup éclatent les accords de la musique
italienne. Voici des chanteurs ambulants sur la
terrasse de l'un des hôtels Seiler. Je m'approche et
je vois mons Figaro qui se démène comme un diable
en chantant l'air du barbier :

> La bella vit' en verita
> Por oun barbière di qualita.

(Je ne garantis ni les mots ni l'orthographe); les sons
plutôt que les paroles viennent à mon oreille. Tout
cela est très gai et fait une opposition heurtée avec la
nature qui nous entoure et les pensées qu'elle fait
naître en nous ; car, en dehors de la foule bariolée
qui y circule, Zermatt n'est pas d'un aspect réjouis-
sant.

Je rentre, en songeant qu'au milieu de tous ces
contrastes, dans ce coin perdu, là tout près, à l'ombre de l'église, reposent les victimes de la catastrophe du Cervin : Hadok, Hudson, lord Douglas et
Michel Croz, le guide de Chamonix, qui en firent
l'ascension en 1865 et furent, à la descente, préci-
pités dans un abîme, à 1,200 mètres de profondeur.

Il y eut trois survivants : Thaugwalder père et
fils, guides, et M. Whymper. Ils étaient tous les
sept attachés à la corde. Mon guide me ra-
contait, le lendemain, que le père Thaugwalder
s'enivrant souvent, dans les derniers temps de sa
vie, il avait maintes fois cherché à le faire causer,
entre deux verres ; mais quand on le pressait un peu,
pour savoir si la corde s'était réellement rompue,

ou si, plutôt, on ne l'avait pas coupée, le vieillard répondait avec impatience à son interlocuteur : « Ça ne te regarde pas », et changeait de conversation.

Le Riffelberg ; le Gorner-Grat.

A six heures du matin nous sommes prêts. Ferré à neuf de la veille, je fais un bruit énorme avec les clous de mon schumacher. J'achète un piolet et nous voilà partis pour l'hôtel du Riffelberg.

J'ai déjà dit que Zermatt est dans un entonnoir. La vue y est bornée, sauf sur le Cervin. Aussi presque tous les voyageurs font-ils l'ascension du Gorner-Grat, au pied du Monte-Rosa, ou du Hœrnli, à la base du Cervin. Nous nous sommes décidés pour le Gorner-Grat. Deux hôtels sont échelonnés sur la route, tous deux sous la dépendance de l'inévitable M. Seiler. Nous avons pris nos précautions en télégraphiant la veille, et nous avons la promesse de trouver des lits à l'hôtel le plus élevé, celui du Riffelberg.

Nous montons à travers des prairies, puis une forêt de maigres sapins, laissant à notre droite le glacier de Gorner que nous retrouverons plus haut.

Un orage lointain, survenu la nuit, a troublé l'atmosphère. Le ciel est lourd. Une buée grise couvre les hautes vallées. Le Cervin est encapuchonné de gros nuages sombres à mi-hauteur de sa cime altière que nous ne verrons plus. Mauvais présage pour nos projets du lendemain.

L'étudiant allemand nous a rejoints, mais il reste bientôt à l'arrière-plan, suant toujours et buvant encore mieux. Il est tenace, et je l'admire quand même de faire une course si fort au-dessus de ses moyens.

Nous nous retournons de temps en temps pour voir dans une éclaircie les sommets qui montent à l'horizon : la Dent-Blanche, d'un périlleux et difficile accès, le Weishorn que nous avons contourné la veille, et au pied duquel nous avons rencontré une dame et son mari qui doivent en faire aujourd'hui l'ascension. Je leur souhaite bonne chance s'ils l'entreprennent, mais je doute qu'ils réussissent avec le temps maussade qui vient de nous asperger d'une giboulée.

Nous passons à côté de Riffel Alp. Encore une heure, par de rudes lacets, et nous entrons à l'hôtel du Riffelberg, où Mlle Seiler nous reçoit et nous installe sur le vu de notre télégramme. L'hôtel est solidement établi sur une plate-forme à 2,569 mètres d'altitude. Il est confortable : on ne peut vraiment demander mieux à cet endroit. On pénètre dans un hall auquel fait suite un long couloir. A gauche, salle à manger ; à droite, bureau, salon de lecture, escalier ; cuisine au fond. Au premier et au deuxième, chambres petites, mais bons lits.

Nous déjeunons très convenablement avant de monter au Gorner-Grat. Cette ascension n'est guère

pénible; on va par une pente allongée sur une série d'escarpements entrecoupés de petits couloirs
neigeux, de petits lacs, à travers des rochers et des
éboulis où croissent les dernières mousses et quelques touffes de gazon émaillées des plus jolies fleurs
roses que j'aie vues.

Nous nous croisons dans le sentier avec de nombreux visiteurs et visiteuses. Oh! parmi ces dernières j'avise une dame entre deux âges, impayable
avec sa grosse taille emprisonnée dans une robe de
soie mauve très distinguée. Elle souffle, sue, s'ar-
rête, pendant que son mari, moins étoffé, et sa fille
plus alerte prennent les devants, impatientés, je
crois, de traîner ce cher fardeau.

Non, on ne peut s'imaginer l'effet produit par
cette robe de soie au milieu de cette nature bouleversée. Jamais le vent des montagnes n'avait été à
pareille fête et ne s'était payé la joie de s'engouffrer
dans une jupe aussi élégante. Aussi s'en donne-t-il
à plaisir, la soulevant d'une manière si indiscrète
que je redoute, à chaque instant, pour notre héroïne,
l'aventure qui, par mégarde, arriva à feu le roi
Dagobert. Cette dame croyait sans doute assister à
une représentation d'opéra-comique, et c'est elle qui
joue le personnage important.

Le fait est que le vent souffle avec violence. Cependant le ciel s'est éclairci par endroits. Des nuées
floconneuses et plus blanches lèchent les dernières
crêtes. Seul, le grand Matterhorn (*), comme s'il en-

(*) Le Cervin.

fantait dans l'ombre quelque sinistre projet, garde son épais rideau sombre. Il ne nous fera pas l'honneur de se découvrir.

Le Gorner-Grat est à 3,136 mètres et domine à une grande hauteur le glacier de Gorner qui est à nos pieds. Il est immense ce glacier, qui descend presque à Zermatt et tourne autour de la montagne pour se continuer avec le Théodule Gletcher et les vastes champs de neige du Monte-Rosa.

Nous les avons devant nous maintenant ces pointes suprêmes des Monts-Roses, Castor et Pollux, ou les Jumeaux, abrités sous leur coupole blanche ; la tête de Lys, la pointe Dufour (4,638 mètres) avec son étroite arète finale qui domine de 3,000 mètres la vallée italienne de Marcugnaga, et de chaque côté de laquelle s'ouvrent de profonds couloirs de neige. C'est là le but de notre excursion de demain. Je vois, du commencement à la fin, le trajet à suivre, quinze à seize heures de marche sur les névés et les glaces ! Hélas ! ce n'est qu'un beau rêve qu'emportera la tempête de cette nuit.

C'est déjà quelque chose que d'avoir vu de loin ce que j'aurais voulu fouler du pied. Avec un peu d'imaginative et une certaine dose de suggestion, je raconterai peut-être un jour avec autant de bonne foi que beaucoup d'autres, tous les détails d'une ascension que je n'aurai pas faite, à moins que je ne fasse une autre tentative plus heureuse.

Depuis le commencement de notre voyage, dans les spectacles que nous avons eus sous les yeux, la gradation a été ménagée insensiblement pour nous amener aujourd'hui à l'étonnement et au merveilleux.

Du promontoire avancé où nous sommes, depuis les cimes lointaines de l'Oberland, aussi loin que puisse porter le regard, partout, autour de nous, des glaces éternelles percées de distance en distance par une pointe sourcilleuse enchâssée dans une blanche collerette de neige.

On se lasse de tout, même de la contemplation des plus belles choses, et nous nous arrachons à celle de cet incomparable panorama qui, dans ses traits saillants, reste photographié dans mon cerveau. Une froide bise nous rappelle que notre costume est léger, et nous regagnons le Riffelberg, où nos guides arrivent bientôt pour l'excursion du lendemain. Mais l'amoncellement de nuages aux flancs lourds, violemment poussés par le vent du sud, ne nous laisse guère l'espoir d'exécuter notre dessein. La route est longue pour gravir le sommet du Mont-Rose. Nous devons partir à une heure du matin, à la lueur des lanternes, car la nuit sera noire. En attendant, il ne nous reste qu'à souper et à dormir jusqu'à ce que le portier nous réveille à l'heure convenue.

Parmi les clients du Riffelberg, il en est beaucoup qui ne sont venus que pour monter au Gorner-Grat. Quelques-uns seulement ont des projets d'ascension plus sérieux. On le devine aisément à leur mine grave et à l'anxiété avec laquelle ils interrogent l'horizon, allant et venant sur l'étroite terrasse de l'hôtel, comme s'il s'agissait pour le lendemain d'une grave affaire. Grave affaire, en effet, puisqu'on n'est pas venu là pour s'amuser, mais bien pour entreprendre, contre les mauvais pas, les escalades de rochers, les pentes de neige et l'intense froidure des altitudes supérieures, un combat acharné, et qu'on peut, en cas de mauvais temps, disparaître dans une tourmente, sans compter tous les périls résultant des glissades et des chutes de pierres. Semblable au capitaine qui, avant de livrer l'assaut d'une forteresse, en examine les points faibles et cherche à sonder les alentours pour éviter les défenses de l'ennemi, le touriste, aidé de son guide, pilote expérimenté, calcule les meilleures chances pour vaincre la montagne jalouse et fière de son indépendance, parfois conquise et toujours indomptée, toujours vierge par sa neige sans cesse renouvelée et où les pas humains ne laissent qu'une empreinte éphémère; la montagne sournoise, avec ses abîmes cachés, ses brusques précipices et ses ouragans soudains, bataillons redoutables auxquels rien ne résiste. Il faut un temps propice et partir de bonne heure pour la surprendre dans son repos, avant qu'elle ne s'éveille et déchaîne ses irrésistibles bourrasques. Le matin, la neige est dure; plus tard, sous le soleil, elle mollit, et les ponts qu'elle forme au-dessus des crevasses se rompant, il y a tout à craindre.

En fait de lecteurs, je préfère les lectrices Elles

ont un certain attrait pour le danger, voire même qu'elles y périssent quelquefois, comme il est prouvé par l'histoire de Mme Eve, qui ne craignit pas de cueillir la pomme offerte par le serpent. Il est vrai que c'était un jeune et beau serpent du Paradis, aux écailles fascinatrices, récemment sorti des mains du Créateur. Mes lectrices comprendront et répondront victorieusement pour moi à la question souvent posée : « Eh ! pour Dieu ! quelle folie vous pousse et quel vertige vous gagne ? Quel plaisir peut-il y avoir à gravir, au prix de mille fatigues, des cimes périlleuses où vous n'avez rien à faire d'utile et de bon ? N'y a-t-il pas assez de belles choses, d'un accès facile et que vous ne verrez jamais ? »

L'argument porte, à coup sûr, et je reconnais sans peine qu'une bonne digestion à l'ombre a bien son charme quand il fait chaud.

Mais les jolis coins tranquilles sont bien ennuyeux depuis qu'ils ont été si mal chantés par les poètes ; et le monde connu est bien vieux, et l'ornière est étroite où l'on s'embourbe chaque jour. Don Juan regrettait qu'il n'y eût pas d'autres terres où il put étendre ses conquêtes amoureuses. Certains touristes enragés regrettent de même de ne plus trouver de pics inexplorés. Sur ce dernier terrain (car pour beaucoup de raisons le premier m'est inconnu), je suis moins exigeant. Je n'ai presque rien entrepris et n'ai couru que peu de dangers ; mais, ce peu que j'ai vu a laissé en moi le souvenir inaltérable des émotions les plus grandes et les plus saines parmi celles que j'ai éprouvées dans ma vie.

Je ne veux pas m'expliquer longuement sur ce point, car les impressions reçues sont, je crois, très personnelles. Les beaux sites, les profondeurs vertigineuses, les grands horizons des hautes cimes, les pans de montagnes écroulés en chaos fantastiques, la nature désolée dans son profond linceul de neige et de glace, tout cela a déjà l'attrait du merveilleux ou des grandes catastrophes ; et, quand s'y ajoutent la solitude et l'isolement qui naissent des difficultés d'accès, la satisfaction de rester l'un des privilégiés admis à ces spectacles, le sentiment jaloux d'être l'un des rares initiés à ces sublimes horreurs, — certes l'on éprouve des émotions neuves, et, toute vanité bête mise de côté, un peu d'orgueil, comme si on venait de remporter un triomphe sur la nature. Triomphe stérile, je le veux bien ; mais, après tout, c'est un sport comme un autre et qui vaut bien le tir aux pigeons et le jeu de la roulette.

Et voilà pourquoi, la nuit tombée, nous interrogeons le ciel sur la terrasse du Riffelberg. A nos pieds, dans un trou noir, à mille mètres de profondeur, une foule de petites lueurs percent l'ombre. C'est Zermatt avec les feux de ses hôtels. Des nuages passent chassés comme des maudits par un vent furieux qui bientôt nous fait quitter la place. Comme je me reconnais impuissant à rien changer aux dispositions de l'atmosphère, je vais attendre dans mon lit, où je m'endormirai bien vite, aux bruits redoublés d'une effrayante tempête, dont il me semble maintenant que l'hôtel est devenu le point de mire, comme si tous les efforts du vent déchaîné convergeaient pour le renverser.

Il est curieux d'analyser les sensations que j'éprouve. D'abord celle d'un assaut livré par une petite troupe d'escarmouche qui fait rapidement le tour du bâtiment, secoue les volets, essaie de pénétrer par surprise; puis, voyant son impuissance, se replie sur le gros de l'armée qui s'élance alors, sifflante, hurlante, dans le tourbillon de ses bataillons échevelés, avec tant de fracas et de brusques secousses que les assises de l'hôtel en sont ébranlées. Tout grince et crie dans un craquement désespéré qui paraît être le dernier, et pourtant tout résiste. La tourmente s'éloigne avec le mugissement plaintif de sa fureur impuissante. Il semble qu'il y ait un rapide conseil tenu entre toutes les forces accumulées de l'ouragan, qui revient à la charge avec une rage nouvelle.

Rien n'est plus doux que d'être couché dans un bon lit quand le vent souffle. Je jouis de ce sentiment délicieux, et je m'endors au milieu des gémissements confus de cette infernale musique.

A trois heures seulement le portier vient me dire que les guides ne conseillent pas le départ.

C'est une grande déception. Mais que faire contre la puissance majeure des forces de la nature? Et, dans l'incertitude du temps qu'il fera le lendemain, je ne puis rester ici. Attendons jusqu'au jour et nous verrons quel parti nous devons prendre pour le programme de la journée qui va commencer.

Glacier de Gorner; col Saint-Théodule.

Les guides avaient raison. La tempête, un instant calmée, se réveille avec le jour, et, sans avoir la même violence, rend impraticables les neiges des hautes régions, qu'elle soulève en tourbillons aveuglants.

Allons, payons la note fort honnête de Mlle Seiler. Prenons une allure modeste et contentons-nous de passer le col de Saint-Théodule, le saint le plus clément sous l'égide duquel on puisse sortir de l'endroit où nous sommes, car, revenir piteusement à Zermatt pour reprendre le chemin de Saint-Nicolas, avec un piolet neuf qui n'a pas essuyé le premier feu... des glaces, jamais ! Et puis, Saint-Théodule nous mène, par le val Tornanche, en Piémont. Nous prenons ainsi l'Italie par les cheveux ; et ils en ont, des cheveux, les rudes enfants de la contrée.

Nous contournons le Riffelhorn et descendons sur le glacier de Gorner, que nous abordons, vers six heures et demie, par son flanc droit. La surface est loin d'en être unie. Il nous faut, à maintes reprises, tailler des pas, escalader des blocs de glace, franchir ou longer des crevasses.

Nous rencontrons aussi de nombreux moulins. On appelle ainsi des entonnoirs où l'eau qui a fondu à la surface s'engouffre en tournoyant pour descendre sous le glacier.

La traversée dure une heure et nous atteignons le glacier inférieur du Théodule, qui se continue, sans démarcation sensible, avec le premier. Celui-là offre une pente plus raide, sur une surface plus unie et moins crevassée. La montée est un peu pénible. Nous sommes, depuis notre départ, du reste, en compagnie d'une dame dont le courage ne faiblit pas un instant. Nous nous arrêtons souvent. Nous y sommes bien forcés par le vent fou qui se rue des hauts couloirs, entre le Breithorn et le petit Cervin, à l'improviste, en traître, sans crier gare. C'est merveille de voir comme nous nous inclinons tous, solidement arc-boutés sur nos piolets, faisant tête à ces rafales insensées. Si nous étions à la pointe Dufour du Mont-Rosa, nous disent les guides, nous serions balayés comme une paille légère. Il n'est même pas possible de monter au Breithorn, qui est là, à notre gauche (le Breithorn, 4,148 mètres, est d'une ascension relativement facile).

A neuf heures, nous avons gravi le glacier du Théodule et commençons une escalade de rochers qui doit nous conduire, en demi-heure, à une cabane habitée l'été, à côté du glacier supérieur. Nous y prenons un instant de repos et y faisons un second déjeuner avant de nous remettre en route

pour le col que nous apercevons devant nous à
près de deux heures de marche.

Le glacier supérieur est recouvert d'une neige
épaisse et molle, où l'on enfonce jusqu'aux genoux.
Notre premier guide trouve indispensable de nous
attacher à la corde. Nous voilà enchaînés à trois ou
quatre mètres les uns des autres, et tous solidaires,
de telle sorte que si l'un de nous descend dans une
crevasse, les autres l'en tireront, ou le suivront, ou
pourront, au besoin, comme Tartarin, couper la
corde. Mais nous marchons dans les pas du guide
de tête, et je m'imagine bien que le danger est surtout pour lui, et la précaution qu'il a prise le con-
cerne très particulièrement. Il doit se faire ce raisonnement : Je passe le premier; si je tombe et
m'enfonce, les autres ne s'avancent pas, de crainte
d'en faire autant, et je reste dans le trou. Si nous
sommes attachés, je les entraîne et ils tirent pour
ne pas me suivre, ce qui me sauve. Si, par malheur,
ils dégringolent avec moi, nous aurons la consola-
tion de mourir ensemble. Ce petit raisonnement
doit se passer dans la tête du guide; il me paraît
assez irréfutable, et l'on ne me tirera pas de l'idée
qu'il est très exact. Ce n'est pourtant pas très commode de marcher à la corde passée sous les aisselles
et qu'il faut tenir de la main gauche pour ne pas la
laisser traîner.

Avec cela, affublés de lunettes bleues destinées à
amortir l'éclat éblouissant de la neige, le chapeau
renfoncé jusqu'aux oreilles, sans quoi il serait em-

porté par le tourbillon, les basques au vent, le nez
comme une fontaine, nous devons représenter un
groupe passablement comique. Personne pour nous
peindre ou nous photographier et nous laisser ainsi
le fidèle et vivant souvenir de notre grotesque
accoutrement.

Comme il est long, ce glacier supérieur du Théodule. Le saint ne nous protège guère aujourd'hui
avec la bise glacée de son col qui semble fuir devant nous. Que d'arrêts ! Que de respirations
bruyantes. Et le guide tirait, et la dame suivait, et
le vent soufflait !

Enfin nous quittons la neige. Un dernier effort
sur des éboulis de rochers et nous voici sur une
étroite plate-forme, limite du Valais et du Piémont, à 3,332 mètres d'altitude. Une auberge y est
établie, où nous prenons, pour honorer saint
Théodule, un grog réconfortant. C'est la première
fois que nous buvons un peu d'eau-de-vie. Chose
à remarquer, les guides prennent volontiers du vin,
du café, jamais d'eau-de-vie ou fort peu. Le café
donne des jambes, en stimulant les muscles. L'eau-
de-vie, en route, ne produit qu'une excitation pas-
sagère, bientôt suivie de torpeur et d'affaissement
général.

Du col, la vue est splendide, mais incomplète
aujourd'hui en raison des nuages qui voilent la plupart des hauts sommets. Derrière nous, presque
tout le paysage déjà décrit ; devant nous, la vallée
profonde où nous allons descendre. Aussi loin que

porte le regard, de ce côté, on n'aperçoit que la
roche noire des cimes désolées, et quelques glaciers
dans les découpures de leurs flancs abrités du soleil dont les chauds rayons dardent tout le jour sur
le versant méridional.

Il est onze heures et demie. Il faut partir, car le
temps menace de plus en plus. Les nuages s'abaissent avec leurs ondulations rampantes, et les vallées,
sous ce voile de brume épaisse, prennent un aspect
sinistre et mauvais. — Nous nous séparons de nos
guides. Ils retournent à Zermatt avec l'assistant de
Munich. On jure de ne pas s'oublier, de se retrou-
ver un jour ou l'autre. On promet tant de choses
en ce monde. Vieilles promesses et vieux serments,
quel joli fagot vous devez faire pour le feu du diable. C'est égal, on garde le plus souvent le meilleur
souvenir de ceux qui, durant quelques jours, guides ou compagnons de route, ont vécu côte à côte
avec vous, partageant vos fatigues et les périls, s'il
y en a, dans une étroite solidarité. Et ce n'est pas
sans un regret sincère que nous échangeons les
dernières poignées de main.

Le Breuil ; Val-Tornanche.

Ainsi isolés, réduits à deux et à nos propres ressources, nous dévalons rapidement par [une pente
de neige (trois quarts d'heure à la descente, le dou-

ble à la montée) où nous faisons quelques chutes,
ce qui est très divertissant. Ce qui l'est moins, c'est
un orage soudain, avec accompagnement de tonnerre et une belle ondée contre laquelle nous cher-
cherions vainement un abri. Nous rejoignons une
dame partie une heure avant nous. La pluie ne l'a
pas épargnée plus que nous. Elle est seule avec son
guide. Son mari a pris les devants pour faire pré-
parer une chambre et du feu à l'hôtel du Breuil
(2,120 mètres). Elle parle bien le français. Coiffée
de la casquette collante, de belle taille, d'un beau
profil de romaine, elle a l'air très distingué, et la
conversation s'engage entre elle et ma compagne de
route. — Vous aimez les excursions, madame? —
Oui, madame, j'ai beaucoup voyagé en France, en
Espagne. — Vous prenez grand plaisir aux courses
de montagne, madame? — Oh! madame, c'est la
première et la dernière, répond-elle d'un air piteux.
En effet, l'allure ralentie et la démarche molle in-
diquent la fatigue de cette jolie patricienne. Elle
n'a pourtant traversé que le glacier supérieur du
Théodule et elle va trouver une chambre chauffée,
tandis que nous, nous partirons, après dîner, pour
Val-Tornanche.

Il est près de deux heures quand nous arrivons,
passablement trempés, à l'hôtel du Mont-Cervin ou
hôtel du Breuil. Nous dînons; le macaroni fait son
apparition. Nous dégustons avec plaisir un excellent
vin muscat et nous reprenons, toujours à pied, le
long du torrent de la Marmora, la vallée sauvage

et pittoresque qui doit nous conduire à Val-Tornanche pour y passer la nuit.

L'hôtel du Breuil est, comme celui du Riffelberg,
un centre d'excursion. Nous rencontrons plusieurs
groupes de jeunes gens qui en partent ou s'y ren·
dent. Nous nous retournons souvent, en descendant
le sentier, pour regarder le chemin parcouru et les
aspects plus imposants des cimes, vues d'en bas. Le
Cervin a toujours son front dans les tempêtes.
Quelle lugubre tragédie, à dénouement prompt et
prévu, se jouerait là-haut si quelque audacieux s'y
était, par hasard, aventuré. Cette énorme pyramide
du Matterhorn, bien isolée des sommets voisins,
serait vraiment belle à contempler d'ici, dans toute
l'insolence de sa taille géante, à pans verticaux
semblant défier toute atteinte, surtout du côté de
l'Italie, où l'ascension est, à la fois, plus difficile et
plus attrayante. Il faut nous contenter de l'avoir
vue de Zermatt, le soir de notre arrivée.

Tout le long de la route, nous sommes harcelés
par des petits mendiants de la contrée. Dès qu'ils
nous aperçoivent, par de savants détours, ils nous
distancent et nous interpellent en français. Ils nous
reconnaissent donc à la mine.

Le torrent de la Marmora grossit toujours par
l'arrivée de nombreux affluents, et sa voix grandit,
renforcée par leurs voix.

Nous sentons vivement la fatigue et Val-Tornanche n'apparaît pas encore. Un nouvel orage se
déchaîne, subit. La foudre éclate en coups répercu-

tés par mille échos et prolongés le long des vallées. Cela se passe au-dessus de nous, dans les hautes sphères. Nous n'avons rien à craindre. Le tonnerre, sans s'occuper de notre chétive personne, n'a-t-il pas assez de foudroyer les cimes orgueilleuses?

Les nuages que crèvent les flèches de ses éclairs ne nous respectent pas si bien. La pluie fond sur nous. Heureusement nous trouvons un abri sous un toit qui doit servir de refuge aux chèvres.

L'averse passée, nous doublons le pas, impatients d'arriver. Nous avons vu tant de choses, depuis le matin, que le gîte seul nous intéresse. La pluie ne met pas en belle humeur; la fatigue non plus. Val-Tornanche si désiré apparaît soudain (altitude 1,549). Encore un kilomètre, un pont sur la Marmora, et nous entrons à l'hôtel du Mont-Rose, hôtel modeste, mais où l'on est honnêtement traité. Je connais quelqu'un qui se couche sans vouloir souper. Il est cinq heures et demie. Pour moi, après une minute d'une toilette fort sommaire, je soupe de je ne sais plus quoi, tout seul.

L'hôtel paraît désert. Une famille italienne, et c'est tout. Une petite bonne fait le service. Elle répond à tout, donne tous les renseignements. Quant aux maîtres de la maison, néant. Je ne les verrai ni ce soir ni demain. La petite fée du lieu, assez mal tournée, du reste, mais bienfaisante, va, vient, me promet une voiture pour Chatillon qui sera prête à cinq heures du matin, car nous avons trois heures de route, et le train part à huit heures et demie.

Je sors pour étudier la topographie de la localité
Des maisons entassées pêle-mêle avec escaliers au
dehors et couloirs en balcon ; des semblants de
ruelles étroites où aucun véhicule ne peut circuler ;
une église, une petite place avec un monument à la
mémoire du chanoine Carrel, touriste célèbre ; le
tout au bord d'un précipice sur la Marmora. Et l'on
vit là, et les gens ont l'air ni moins ni plus heureux
qu'ailleurs. De route, pour en sortir, même en
brouette, je n'en vois pas et reviens assez intrigué
à l'hôtel où la petite bonne me dit qu'il faudra
marcher demi-heure pour aller prendre la voiture.
Le conducteur est à Val-Tornanche, le cheval
aussi ; mais aucune voiture n'a encore pénétré jusqu'ici. On ira atteler plus bas. Tout s'explique
alors, et, les choses ainsi réglées, je vais me coucher
et je dors les poings fermés jusqu'au réveil de quatre heures.

Châtillon.

A cinq heures moins le quart, nous descendons
l'étroit sentier plein de cailloux, seule voie de
grande communication avec le fond de la vallée.
On est en train de faire une route. Nous arrivons
à l'heureux village où les voitures font leur apparition. La nôtre est prête : un petit char attelé d'un
mulet. Comme conducteur, un grand garçon, très
brun, avec d'épais cheveux noirs, aux mèches

longues et capricieuses, une vraie toison : chevelure superbe, mais mal entretenue. Ce garçon, un peu trop nature, ignore, en même temps que la propreté, la puissance de séduction d'un pareil ornement.

Le mulet trotte bien ; nous arriverons avant l'heure. Nous croisons des chevriers, des enfants conduisant des bandes de vaches. Tout à coup, j'entends notre automédon qui crie à un jeune garçon : « Arrestâ quello bestio. » Avec la certitude d'être compris à mon tour, je lui demande : « Soun noû meita chomi? » Et lui de répondre aussitôt en français : « Nous avons fait plus de la moitié de la route. » Je me demande comment il y a tant d'affinité entre notre patois limousin et celui qu'on parle dans cette vallée du Piémont, et l'imagination me suggère cette idée que les Romains, fort habiles à coloniser, avaient dû envoyer, sur le plateau central de la Gaule conquise, des hommes déjà habitués au climat des montagnes, c'est-à-dire des habitants alpins. Et voilà la chaîne renouée; ce n'est pas plus difficile que cela. Etes-vous contents de l'explication? Sinon, donnez-m'en une meilleure.

Le ciel s'est déridé. La pluie d'or du soleil inonde les hauteurs et descend sur nous tamisée par le feuillage des grands arbres de la route, des beaux châtaigniers rivalisant avec les nôtres de sève abondante et de rameaux vigoureux. Nous descendons toujours et, à quelques détours, nous voyons la pointe du Cervin qui perce l'azur.

Nous traversons Châtillon sans nous y arrêter. La gare est à 1,5oo mètres plus bas, sur les bords de la Doire, où vient se jeter le Marmore. Les vallées, celles d'Aoste et de Val-Tornanche se rencontrent à angle droit.

Châtillon (altitude, 514 mètres; 3,ooo habitants) est fièrement campé sur une colline. On y voit, à côté d'un beau pont sur le torrent, les vestiges d'un pont romain. Les maisons ont assez bon aspect et les hôtels une apparence confortable. Je note, en passant, cette inscription qui me laisse rêveur. : *Buona dama, buono vino* (bonne femme et bon vin).

On vient de faire ou l'on fait encore les manœuvres. Des soldats plein les rues, en triste équipage, par parenthèse : quelques officiers même ont des pantalons rapiécés où vous savez. Tout ce monde a, du reste, l'air sérieux, comme il convient à des fils de Romains.

Jusqu'alors, dans la vallée, on parlait le français aux étrangers. Mais, à la gare, les employés n'entendent plus cette langue, par ordre du gouvernement, paraît-il.

Vingt-cinq kilomètres nous séparent d'Aoste. La distance est vite franchie et nous y arrivons vers neuf heures et demie. Nous en repartirons à onze heures par la voiture de poste, qui se rend à Courmayeur en cinq heures. C'est là le but auquel nous devons atteindre aujourd'hui.

Nous avons une heure et demie pour déjeuner et visiter Aoste. Commençons par la ville. Je ne vous dirai ni son origine reculée, ni l'histoire des Salasses, ses fondateurs, et leur conquête par les Romains, peu d'années avant le Christ. Les vainqueurs ont laissé, comme témoins de leur forte empreinte, des monuments qui ont résisté jusqu'ici à la fureur stupide des barbares de tous pays et à la lente érosion du temps.

L'arc de triomphe d'Auguste, les solides assises, les blocs de pierre cyclopéens de la porte prétorienne, ses motifs décoratifs, surtout, ont été mutilés et meurtris. Les édifices sont toujours debout, dans la majesté grandiose de leur simplicité architecturale. Un mur d'enceinte bien conservé, les vestiges des thermes, des arènes, un pont solide encore, tout cela atteste hautement l'importance de la domination romaine.

Au milieu des débris imposants de cette civilisation disparue, la ville se contente aujourd'hui de sa cathédrale, plus que médiocre, et d'un hôtel-de-ville assez laid avec ses arcades à boutiques. Elle n'a plus la solennité du grand art. En revanche, le soir, elle est éclairée à la lumière électrique : l'utilité moderne substituée à la décoration pompeuse.

Ainsi va le progrès. Quand un peuple a trop de gloire, sans songer que, semblable au feu des vestales, elle doit être entretenue pour ne pas s'éteindre, il ne pense plus qu'à s'endormir tranquille sur les lauriers de ses aïeux.

Nous allions oublier, nous, l'heure du déjeuner. C'est une affaire bien vite expédiée dans un restaurant de la place Albert ; et nous grimpons sur le devant de la voiture de poste, sorte de grande tapissière où quinze à vingt personnes peuvent prendre place.

D'Aoste à Courmayeur.

La vallée d'Aoste est large, et, sur la rive gauche de la Doire-Baltée, pleine de soleil. Des prés, des jardins étagés, plantés de vignes, offrent un paysage gracieux.

Les montagnes elles-mêmes sont boisées à une assez grande altitude, en raison de leur exposition spéciale. A droite, en remontant la vallée, chauffées par les feux du Midi, elles sont dépourvues de neiges ; à gauche, elles portent de vertes forêts à leur base, des glaces aux creux de leurs flancs et jusqu'à leurs sommets. Ce côté est occupé par l'important massif des Alpes-Grées, ligne de séparation entre le Piémont et la Tarentaise, entre les hauts affluents de la Doire-Baltée et de la Doire-Ripaire, et ceux de l'Isère. C'est là que débouchent les vallées de Cognès, Savaranches, val de Rhêmes, val Grisanche, le chemin du petit Saint-Bernard, dont les cols élevés mettent en difficile communication la France et l'Italie.

Tantôt sur la rive droite de la Doire, tantôt sur celle de gauche, nous traversons de petites bourgades à rue centrale fort étroite, avec ruelles perpendiculaires à l'axe du milieu, plus sombres encore, impraticables aux voitures, où grouille une population de chétive apparence. Parfois la vallée se resserre en défilés utilisés jadis pour la défense du pays.

C'est monotone à la fin de voir le même paysage tourmenté, et d'entendre toujours le grondement sourd des torrents pendant cinq heures de route. Mais voici une diversion puissante. En approchant de Pré-Saint-Didier, le Mont-Blanc se dresse subitement devant nous, voilé à son dôme suprême d'un crêpe flottant de nuées blanches. Le spectacle est saisissant. Nous sommes à peine à l'altitude de 1,200 mètres et la cime altière est là-haut à 4,810 mètres, avec son front chargé de vapeurs, comme dans l'enfantement laborieux de quelque sinistre catastrophe. Trois kilomètres de route en lacets sur le flanc d'une colline, et nous sommes à Courmayeur.

Sans parti-pris, nous nous laissons conduire à l'hôtel du Mont-Blanc, à près de cinq cent mètres du bourg. Nous n'avons pas à nous en repentir. Le maître d'hôtel a une tête de marguillier de bonne paroisse ; il s'occupe de nous, nous installe et, jusqu'à notre départ, est d'une complaisance qui ne se dément pas un instant.

Courmayeur, voilà une localité tranquille, où l'on peut se reposer ; une vallée qui est comme le confluent de plusieurs vallées tributaires, large, avec de jolies prairies, un délicieux climat, même à 1,215 mètres au-dessus du niveau de la mer; une foule de petits villages, chacun avec son église ; un établissement thermal; ajoutez à tous ces avantages celui de ne connaître les révolutions, s'il en survient, qu'après leur événement.

Il y a trois autres beaux hôtels et un café-concert où l'on vous sert des glaces presque pour rien. Courmayeur est de plus un point de départ pour toutes les excursions du Mont-Blanc, du grand et du petit Saint-Bernard, et tout le massif des Alpes-Grées.

Ce n'est pas un jour ou deux, mais plusieurs semaines qu'il faudrait s'arrêter ici, dans cet air salubre, sous ce ciel clément, en pleine montagne, loin de la cohue des touristes. Non pas qu'il y ait peu de monde, les hôtels sont au complet; mais Courmayeur est un but et non un simple lieu de passage. On s'y installe, d'où un calme relatif, au lieu du mouvement perpétuel auquel nous avons été mêlés jusqu'ici. On n'y trouve guère que des Italiens. Nous sommes probablement les seuls Français à l'hôtel du Mont-Blanc.

Et cependant quel beau voyage ce serait de venir ici par la Maurienne, à travers ces massifs peu fréquentés et qui empruntent à leur solitude même un charme de plus.

Ah ! si j'avais le temps! si même je n'avais été obligé de faire expédier de Viège mon bagage à Genève; car il faut bien le dire, depuis cinq jours, nous sommes réduits, en fait de toilette, à l'indispensable, qui commence à être fort compromis et quelque peu compromettant, sans parler de vouloir faire figure ; oui, si j'avais le temps et du linge, on ne me reverrait pas avant que je n'aie fait plusieurs pèlerinages à ma façon, pour lesquels je me sens une dévotion marquée. Mais je cherche vainement dans Courmayeur un étalage de chemisier. J'en suis vexé ! On a beau ne pas être connu et payer honorablement sa note, on sait, sans compter les autres, ce que l'on se doit à soi-même. Toutes ces considérations ne m'empêchent pourtant pas de prendre place à la grande table d'hôte, fort bien servie, dans une belle salle à plafond peint. Depuis notre entrée en Italie, nous ne voyons plus que des plafonds décorés.

Comme je veux monter le lendemain au col du Géant, je sors pour faire mes pronostics. Le ciel est semé d'étoiles. Une brise légère passe dans le frisson du soir. Il fera beau. Allons dormir, car il faudra partir vers trois heures du matin.

Col du Géant.

Je m'endors plein de confiance. A trois heures, je me réveille d'instinct. Le bonhomme m'a oublié ; c'est trop pour une seule tête. Il a de bonnes intentions, cet hôtelier. Je ne lui en veux pas, mais, que diable, me voilà seul. Vais-je manquer mon excursion ? Enfin, il arrive à trois heures et demie et s'excuse. Il a envoyé chercher le guide; tout s'arrange. A quatre heures et demie, nous sommes en route.

L'aube blanchit à peine la crête des montagnes; un vent frais stimule notre marche. Nous traversons le village d'Entrèves et marchons longtemps à travers des prairies, le long des champs de pommes de terre et de blé, car c'est merveille de voir le froment mûrir à ces hauteurs, sur ce versant exposé aux rayons du midi.

Le soleil commence à dorer le sommet du Mont-Blanc et successivement les cimes rivales dans l'énorme massif, l'Aiguille-du-Géant, les Grandes-Jorasses, etc., puis, à notre gauche, le haut du glacier de la Brenva, qui paraît s'embraser sous les feux de l'astre naissant.

La montée est raide, mais nous allons à petits pas, car mon guide est un vieux de la vieille; il sait que pour arriver vite, en montagne surtout, il faut aller doucement.

Tout à coup, sur la croupe du colosse de glace, baignée de lumière rose, s'élève comme un nuage de poussière.

« Il ne fait pas bon là-haut, me dit le guide, car le Mont-Blanc fume sa pipe. »

Traduisez : Il y fait un vent à tout renverser et qui fait tourbillonner, en la soulevant, la neige de la haute cime.

Cependant nous gravissons une forêt de sapins, beaux arbres centenaires, dont les rameaux encore

pleins d'ombre étendent sur nous leur dôme majes-
tueux, dans le grand silence solennel et le calme
de la solitude, où passe, avec un murmure assoupi,
le premier soupir du matin qui s'éveille. Au loin,
le bruit confus des torrents qui descendent des glaciers et déroulent dans la vallée leur ruban de
moire jaunie.

Je marcherais bien un peu plus vite, mais je ne
veux pas contrarier mon compagnon qui marque
le pas ; je me tiens même à une respectueuse distance,
car il s'exhale de toute sa personne une odeur de
vieux bouc roussi. Evidemment, cet homme doit
coucher en compagnie de ses chèvres. Il est dit que
les chèvres me suivront partout dans mon voyage :
quand je ne les vois pas, je les sens ; quand elles ne
m'envoient pas de pierres, elles me poursuivent
de leur parfum... désagréable. On ne peut jamais
avoir de bonheur parfait. J'ai là, devant moi, un
merveilleux tableau ; je suis libre ; mes pensées
vont à l'infini, mes yeux sont pleins de terrifiants
et magiques spectacles ; je pense à tous ceux que
je voudrais avoir pour témoins de tout ce qui m'entoure. Pourquoi faut-il que mon odorat subtil trouble, par une perception par trop réaliste, l'harmo-
nie de tout mon être ? J'ai beaucoup aimé la Esme-
ralda, mais je veux désormais qu'elle supprime sa
chèvre, cette jolie bohémienne. Heureusement, les
senteurs de la montagne sont là comme correctifs.

A mi-chemin, nous rencontrons une dizaine d'ouvriers qui montent au col, pour changer l'exposi-

tion de la façade de la cabane établie là-haut par les soins du Club alpin italien. Il sont partis deux heures avant nous. En continuant de ce train là, leur travail ne sera pas lourd aujourd'hui.

Après la forêt et les herbages du Mont-Fréty, commence une escalade de rochers, pierres écroulées de là-haut, dans l'amoncellement confus d'un prodigieux chaos. C'est à travers ce labyrinthe qu'il faut se guider pendant plus d'une heure et demie. « Posez le pied là ! Accrochez-vous à cette arête ! Prenez garde de glisser; voici un couloir dangereux par lequel vous descendriez comme une flèche sur le glacier. Un jeune imprudent y périt l'autre année. On ne l'a plus revu. En voici un autre où trois Anglais et leur guide, attachés à la corde, furent entraînés. Il y avait de la neige, et ils s'y engagèrent à la descente, au lieu de prendre celui que nous suivons. Le porteur qui n'était pas de la cordée, resta seul et prit le bon chemin ». Et autres réflexions prudentes de mon vieux compagnon. C'est bien, c'est bien, bonhomme; aujourd'hui, il n'y a de neige qu'en certaines passes. J'ai le pied et la tête solides. Vraiment, cette ascension est un jeu d'enfant. Je vous demande seulement de ne pas faire dégringoler sur moi quelque pierre croulante. Nous prenons, à cet égard, l'un et l'autre de grandes précautions, pour ne pas assommer les ouvriers qui se sont engagés, loin derrière nous, dans cette interminable cheminée.

Par intervalles, nous nous arrêtons pour souffler.

Le soleil grille terriblement dans cet air raréfié, malgré le voile de gaze bleue dont j'ai protégé mon cou et mon visage.

Un excursionniste redescend avec ses deux guides.

Ils étaient partis de Courmayeur à une heure du matin pour l'ascension de la Dent-du-Géant. Le vent les a chassés. Nous n'en continuons pas moins notre escalade. Encore une petite demi-heure et nous sommes au col. Contre notre attente et les avertissements reçus, le vent s'est apaisé. Quelques rafales, comme il en existe presque toujours sur les hauteurs, et c'est tout.

La cabane en planches, de la grandeur d'un wagon, est très confortable et solidement amarrée au rocher, sur une étroite plate-forme, entre trois précipices, du côté du versant italien, et le glacier du Géant, du côté de la France.

Nous n'avons mis que cinq heures, y compris demi-heure de repos au pavillon du Mont-Fréty. Le temps est si beau, nous sommes inondés d'une telle lumière diffuse, sans le moindre nuage à l'horizon, que nous n'avons rien à craindre et pourrons déjeuner à loisir. Il en est temps. L'eau nous manque. La neige est là, glacée. Nous n'avons pas de bois pour allumer le petit fourneau et la faire fondre. Nous n'allons pas renouveler l'imprudence de ce guide de Pré-Saint-Didier qui périt ici, il y a huit jours, à trois mètres de la cabane. S'étant aventuré dans le couloir, alors plein de neige, qui est là sous nos yeux, pour puiser à un petit filet d'eau sortant du glacier, la neige s'effondra sous ses pieds. Il s'accrocha désespérément à son camarade, le saisit par sa chaîne de montre qui lui resta dans les mains et il partit, comme on dit là-bas, pour couler dans l'abîme béant jusqu'à trois cents mètres de profondeur, où une saillie de rocher arrêta son cadavre.

Je reconstitue le drame dans son horrible simplicité. Le théâtre est là. J'entends la neige qui craque, l'appel effaré du malheureux, son cri déchirant au moment où le point d'appui lui manque ; je vois son œil plein d'effroi, ses vains efforts pour s'accrocher et sa chute roulante au milieu des débris et des pierres croulant avec lui.

Cependant, au bout de trois quarts d'heure, et malgré le vin généreux de l'hôtelier de Courmayeur, le froid me gagne. J'ai l'onglée! Mais les ouvriers arrivent ; ils ont apporté des petits fagots d'éclats de bois. On allume le fourneau et nous prenons le café chaud, qui nous réconforte.

Le Mont-Blanc a éteint sa pipe. Moi j'allume un cigare. C'est le moment de jouir du coup d'œil. Il se peut que Paris ne vaille pas une messe, mais le col du Géant vaut, à coup sûr, la peine, minime pour moi, que je me suis donnée pour monter.

Du côté de l'Italie, à ma gauche, se dressent, au loin, cette étonnante pyramide du Cervin et les Monts-Roses ; plus près, le grand Combin, voisin du grand Saint-Bernard ; en face, à perte de vue, les cimes nues et désolées des Alpes italiennes, la jolie vallée d'Aoste ; plus à droite, toute la chaîne des Alpes-Grées, la Grivola, le Grand-Paradis, la Saissière, l'immense glacier du Rhuitor, le petit Saint-Bernard, et, par-delà tous ces pics neigeux, la superbe Barre-des-Ecrins, dans le massif du Pelvoux ; sous mes yeux, à plus de deux mille mètres, en bas, Courmayeur, à l'abri du Mont-Chétif, avec ses vallées affluentes, dans son oasis de verdure ; le tout dans le ruissellement de la grande lumière tombée d'un ciel d'un bleu intense, comme un sourire de grande bonté sur cette immense désolation.

Sur le versant français, de l'arête suprême du Mont-Blanc, à gauche, aux aiguilles d'Argentières à droite, les immenses champs de glace et de neige.

Attachés à la corde, nous faisons une promenade d'une heure sur le glacier du Géant. Je vois l'Aiguille-du-Dru, l'Aiguille-Verte, qui, comme d'immenses cathédrales gothiques enchâssées dans la neige, dardent dans l'azur les mille flèches de leurs inaccessibles arêtes ; et, dans le fond, le long chemin à parcourir, toujours sur les glaces, pour descendre à Chamonix. C'est là l'excursion que je ferais si j'étais seul. J'aurais ainsi traversé tout le massif. Il me faudrait encore cinq heures. Mais je dois revenir à Courmayeur.

Le col du Géant (3,362^m) se trouve à peu près vers le milieu de la chaîne du Mont-Blanc : c'est là sans doute la raison du surprenant panorama qui se déroule aux regards, malgré sa faible altitude relative.

De retour à la cabane, nous trouvons les ouvriers occupés à faire la polenta, farine de maïs délayée dans l'eau et formant une pâte épaisse qu'on agite sans cesse sur un feu vif. Décidément, la cabane du Club-Alpin ne subira pas aujourd'hui une grande transformation.

Il est bientôt une heure. Un dernier regard d'adieu jeté sur cet incomparable tableau, dont je garderai l'ineffaçable empreinte, et nous descendons, d'abord dans le grand silence, interrompu seulement par la chute de quelques pierres qui bondissent comme des folles à la surface des glaciers, puis au milieu des bruits de plus en plus distincts qui montent de la vallée et sont pour moi, en me ramenant au monde connu, le réveil d'un beau songe à fantastiques mirages.

Le col Ferret ; Orsières ; Martigny.

Allons, mon voyage touche à sa fin. Encore une journée et je serai mêlé de nouveau au monde de tous les jours, à la foule agitée et fiévreuse.

Adieu les oublieuses extases, dans la contemplation solitaire des grands monts pensifs ! Adieu l'inexplicable attrait des insondables abîmes ! Je n'interrogerai plus les roches foudroyées. Je ne demanderai plus leur secret aux gouffres avares de leur proie.

C'est avec un sentiment de tristesse que je vais

m'éloigner de cette nature dévorante, image de la vie qui passe, où tout semble s'anéantir dans les effrayantes convulsions d'une sombre et fatale agonie, car la montagne s'écroule, irréparable. Les sommets s'abaissent sous les pas du temps, par une lente érosion que les neiges et les glaces retardent sans l'arrêter complètement. Mais laissons là ces rêveries philosophiques.

Je l'ai déjà dit, il n'est pas facile de sortir de Courmayeur, à moins de revenir sur ses pas et de prendre la route de Turin. Je préfère traverser un des cols qui rattachent le Mont-Blanc aux massifs voisins.

Je choisis celui de Ferret, par lequel je dois gagner Orsières et Martigny et rentrer ainsi dans la vallée du Rhône. Le trajet est long (quatorze heures) et ne peut se faire, dans sa première moitié, qu'à pied ou à dos de mulet. A deux heures de marche au-delà du col seulement commence une mauvaise route de voitures. Nous partons à cinq heures et demie, en compagnie de muletiers d'Orsières, venus la veille et s'en retournant aujourd'hui. Je persiste à marcher, malgré leurs offres réitérées, et je tiens bon.

Ce trajet est peu intéressant pour moi, car ce paysage, je l'ai vu la veille, à part les beaux glaciers du Triolet et du Mont-Dolent, d'où naît, en partie, le torrent dont nous remontons le cours. Une idée absurde m'obsède depuis le matin. D'où vient toute cette eau? Il semble que plus on monte plus on en trouve. Je craignais, à la fin, que la source ne vînt à se tarir. Nous approchons du col. Avec un pareil débit, cela pourra-t-il durer? Voilà la marotte qui me hante l'esprit. L'imagination a de ces écarts baroques. Il y a des gens qui se préoccupent, en attisant le feu, de l'épuisement probable du charbon. D'autres se demandent avec effroi si la lumière sacrée du soleil ne finira pas par s'éteindre. Allez, bonnes âmes, pensez donc à vivre cette courte vie, en attendant les catastrophes. Ces sottes préoccupations frisent l'aliénation mentale et, vraiment, je suis sur cette pente, avec ma ridicule inquiétude.

Je la vois, la source inépuisable, dans ces glaciers gigantesques, quoique diminués depuis nombre d'années, comme l'attestent leurs moraines délaissées, sur lesquelles nous passons.

Par le fait, nous contournons le massif du Mont-Blanc et cela jusqu'à Martigny. Du col, où nous arrivons après cinq heures de marche ininterrompue, on découvre toute la vallée jusqu'à Courmayeur. C'est la ligne de séparation des eaux entre la Doire italienne et la Dranse tributaire du Rhône, et la limite entre le Piémont et la Suisse. Il n'y a rien, ni auberge ni abri. La bise est glacée. Partout des couloirs neigeux. Il faut encore une heure de marche pour arriver à un chalet où nous nous arrêterons et où nous aurons de la crème et du lait.

Cela commence à me sembler dur. Je suis presque de mauvaise humeur et ne prête qu'une oreille distraite à la sonnerie des clochettes retentissantes des troupeaux de la montagne et une médiocre attention au col de Fenêtre, par où l'on peut d'ici gagner le grand Saint-Bernard en quatre heures.

Vers le fond de l'immense pâturage, le chalet apparaît. Nous trouvons là des hommes occupés à faire le beurre. Des cuves pleines de lait sont sur le feu, tandis qu'une énorme baratte est mise en mouvement à l'aide d'une roue tournée par deux hommes. Une odeur fade s'exhale de ce milieu où règne une insigne malpropreté. C'est de là pourtant que sort le beurre exquis, si bien servi et si appétissant dont se composent les petits déjeuners suisses; tant il est vrai que les meilleures choses peuvent naître des pires apparences, comme une bonne pensée d'une tête inculte et un bon sentiment du cœur d'un rustre. Mais ces bergers roux, à figure chafouine, que j'ai vus dans la montagne, avec leur air stupide; ces êtres déguenillés occupés à faire le beurre me transportent loin des pastorales de Virgile et de Florian. *Formosum pastor Corydon ardebat Alexim.* Ces aimables poètes vivaient dans un heureux âge. Que les temps sont changés, mon Dieu! à moins qu'ils n'aient vu que des bergères de boudoir, comme j'en connais quelques-unes. Oh! alors, résonnez en chœur, musettes de l'idylle et de l'églogue.

L'homme par trop nature n'est pas beau à voir;

la propreté lui est inconnue. Le montagnard a l'eau des torrents et des sources pures, mais il ne se lave pas. Il pourrait avoir son chalet pour lui, avec ou sans sa mie, mais il préfère le voisinage et l'odeur des boucs, agrémentée de son propre fumet.

Nous fuyons cet antre pestilentiel. Heureusement, une source d'eau glacée jaillit un peu plus loin; c'est là que nous venons nous étendre, er plein soleil, pour déjeuner des provisions apportées de Courmayeur; ce serait charmant si nous n'étions un peu fatigués et pressés par le temps. Encore une heure pour arriver à Ferret où le muletier a laissé sa voiture. Oh! cet attelage pour nous conduire à Martigny! J'ai cru que nous n'arriverions jamais. Des brancards trop longs, un mulet boîteux, une corde pour sous-ventrière, le reste à l'avenant, et une route qui ne vaut pas, jusqu'à Orsières, un mauvais chemin. Enfin, notre homme rencontre, au bord d'un pré, son beau-frère, lequel a un mulet tout frais, un mulet guilleret. L'échange se fait et nous trottinons jusqu'à Orsières.

Le temps est lourd et chargé d'orages, la chaleur accablante. Les indigènes se hâtent de rentrer leur récolte sur de petits chars, à dos de mulets, sur leurs épaules. Pendant que le mulet prend son picotin, nous examinons la ville. Quelques maisons anciennes, une vieille tour curieuse. Orsières est une grande bourgade peu fréquentée. Je ne crois

pas qu'on y trouve des guides sérieux ; les touristes
s'arrêtent plus bas, à la vallée de Champex. Le pays
est relativement riche. Des troupeaux, du blé, des
fruits, du miel renommé que l'on retire de jolies
ruches peintes, bien exposées dans un abri en
retrait sur la façade méridionale des maisons.
Quand on a toutes ces bonnes choses, à quoi bon
monter là-haut se casser le cou ou mourir de froid
dans les roches et les glaces ? Voilà le raisonnement
de notre muletier, homme prudent et expérimenté,
que je soupçonne même d'être conseiller munici-
pal, à l'importance qu'il se donne et à la façon
dont il parle des affaires de la paroisse.

Je comprends, pourtant, que l'on tente l'escalade,
moi qui vois en ce moment, à une prodigieuse
hauteur, dans les nues prêtes à s'embraser, une
sorte de cité de l'Apocalypse, sans doute ravagée
par le feu du ciel, mais menaçante encore, avec
les formidables assises et les gigantesques propor-
tions de ses palais de bronze, rouges encore de
l'incendie qui les a dévorés.

C'était sans doute une ville maudite et perverse,
pleine de blasphèmes, de fêtes et d'orgies. Aujour-
d'hui, dans ses rues vides où souffle la tempête, un
froid linceul de neige recouvre les débris et les
corps carbonisés de ses orgueilleux habitants. Je
ne puis me soustraire à cette terrifiante hallucination, tant est saisissant l'aspect de ces grandes masses alignées, effondrées par endroits, avec leur
architecture bizarre et leurs fauves lueurs qui me

rappellent les horribles et sinistres incendies de nos monuments sous la Commune.

C'est la dernière impression des montagnes et non la moins grande que je rapporte de mon voyage.

Nous descendons toujours et traversons une série de bourgades peuplées de goîtreux. Les vieilles femmes surtout sont atteintes presque toutes. J'ai vu en passant à Martigny, assis devant la porte, un couple de vieux goîtreux :

> Et ces deux vieux goîtreux
> Se consolaient entre eux.

Martigny est situé dans une large plaine triangulaire, au confluent de la Dranse et du Rhône. Il est sept heures et demie quand nous arrivons. Les nuages, chassés par le vent d'orage, abaissent leur rideau sombre sous lequel la nuit s'avance en rampant. La pluie commence et durera plusieurs jours. Devant le potage qui fume, nous nous félicitons d'avoir achevé le programme de notre voyage. Il ne nous reste plus qu'à regagner Genève par la voie la plus rapide, celle du chemin de fer de la côte Suisse. En attendant, nous allons dormir, et, pour la première fois depuis notre départ, nous nous lèverons à sept heures, car c'est demain dimanche, et nous avons ainsi double droit au repos.

A dix heures du matin, nous quittons Martigny.

Oui, nous sommes heureux d'être descendus des hautes vallées. Comme il est triste sous la pluie le lac Léman ! Des nuages gris passent lentement, léchant le flanc de ses collines comme de grosses limaces baveuses. A sa surface, une épaisse buée sous laquelle se ternit l'azur changeant de ses flots. Sur ses bords, ses quarante affluents déversent aujourd'hui leurs ondes torrentueuses, en grandes taches d'un jaune sale.

Toute cette nature, hier encore si limpide, après l'engloutissement de toutes ces averses, me rappelle la figure tuméfiée d'un ivrogne, avec ses enluminures et ses lividités, ou celle d'une vierge folle, dans le désordre de sa toilette et de sa chevelure, après une nuit d'orgie. Mais la nature, à l'encontre de nous, se rajeunit dans ses orages. Cela suffit pour me rassurer. De même qu'aucune souillure ne pourra effacer en moi le charme et la fraîcheur de certains souvenirs, je sais, malgré la fâcheuse impression d'aujourd'hui, que j'emporterai l'empreinte première reçue ici, il y a dix jours, dans le rayonnement et la gloire d'un ciel éclatant.

Limoges, imp. Vᵉ H. Ducourtieux, 7, rue des Arènes.

9 782019 933531